CANADIAN URDU LANGUAGE TEXTBOOK SERIES

Urdu
for Children: Book One

(Junior and Senior Kindergarten and Grade One)

Part One

Chief Editor & Project Director
Dr Sajida S. Alvi

Coordinators
Farhat Ahmad & Ashfaq Hussain

Writers
Humaira Ansari, Firdaus Beg, Rashida Mirza, Hamda Saifi

Illustrator
Rashida Yousuf

McGill-Queen's University Press
Montreal & Kingston • London • Buffalo

ISBN 0-7735-1620-4

Legal deposit second quarter 1997
Bibliothèque nationale du Québec

Printed in Canada on acid-free paper

Publication of this book has been made possible by funding from the Department of Canadian Heritage, Multiculturalism Programs.

McGill-Queen's University Press acknowledges the support received for its publishing program from the Canada Council's Block Grants program.

Canadian Cataloguing in Publication Data

Main entry under title:
Urdu for children: book one (Canadian Urdu language textbook series) For junior and senior kindergarten and grade 1.
ISBN 0-7735-1620-4 (v. 1) –
ISBN 0-7735-1621-2 (v. 2)
1. Urdu language – Textbooks for second language learners – English speakers – Juvenile literature. I. Alvi, Sajida S. (Sajida Sultana), 1941– II. Series
PK1973.U74 1997 491.4'3982421 C97-900504-3

Layout and design: Shawn Graphics

CONTENTS

PREFACE

Urdu was introduced to Canadian students in a systematic fashion by Dr Muhammad 'Abd al-Rahman Barker, a McGill University professor, in 1967 when McGill-Queen's University Press published his pioneering textbook *A Course in Urdu* (3 volumes), which is still a standard in the field. Thirty years later, the same press is publishing *Urdu for Children: Book One*, another ground-breaking instructional resource material for teaching Urdu as a second or third language. The present work is the first of its kind in terms of the quality of its content, its sensitivity to the needs of children between the ages of 4–6 in the Canadian environment, and its eclectic combination of traditional and whole-language instructional methods. In addition to the two-volume textbook, the set includes a *Workbook* for learning the Urdu writing mechanics; a comprehensive *Teacher's Manual*; and two audio cassettes containing recordings of all forty stories/poems. The English-Urdu and Urdu-English vocabulary lists, alphabetized according to both Urdu (transliterated) and English and including the grammatical category of the word, will be helpful for parents who have some familiarity with the Urdu language.

Urdu for Children is also noteworthy in that it was sponsored and funded by the Government of Canada. It is a testament to the Department of Multiculturalism's commitment to producing quality instructional materials for Canadian children of Indo-Pakistani origin. This series also proves that while the English and French languages represent the linguistic duality of this nation, there is a place for other international languages, including Urdu, in the rich Canadian mosaic.

The development of proper instructional materials for the Urdu language shows the commitment of Canadians of Indo-Pakistani origin to sustaining their cultural heritage for future generations. There has been a rapid growth of the South Asian community in Canada. In the 1986 Census there were 266,800 Canadians of South Asian origin; by 1991 this number had risen to 420,295 – an increase of 57.5 percent. Factors such as the higher level of formal education of immigrants from South Asia and a predominantly middle- and upper middle-class socio-economic background have contributed to parents' desire to pass their cultural heritage on to their children.* We hope that *Urdu for Children: Book One* and the other volumes to come in the series will help meet the needs of the rapidly growing Urdu-speaking community in Canada and in the United States.

---

* Pamela M. White and Atul Nanda, "South Asians in Canada," *Canadian Social Trends* (Autumn 1989): 7–9.

Preface

This publication is the first step towards helping children develop Urdu linguistic skills so that they may later enjoy the poetry of master poets such as Ghalib (d. 1869) and Iqbal (d. 1938), or *qawwali* music. It is also a small step toward fulfilling the spirit of multiculturalism in Canada by developing pride in diverse cultural identities. It is intended to help children grow up with well-integrated personalities to become proud and productive members of Canadian society.

Sajida S. Alvi

ACKNOWLEDGMENTS

I was away from the Canadian scene for nine years while I taught at the University of Minnesota. Upon my return to McGill University in 1986 as the first appointee to the Chair in Urdu Language and Culture, Muin Muinuddin, a respected community leader and friend, mentioned to me that there was a great need for instructional materials for the Urdu language and that there was interest in developing such materials through the Canadian government's Heritage Languages Program under the auspices of the Department of Multiculturalism. Later Izhar Mirza, president of the National Federation of Pakistani Canadians, enthusiastically reinforced my interest in this area. Consequently in May 1990, with funding from the Department of Multiculturalism, we held a one-day conference at McGill, sponsored jointly by the Federation and the Institute of Islamic Studies. Its purpose was to assess the need to develop instructional materials in Urdu and to look for people to work on this project.

Since that time many institutions and individuals have worked on this project. Judy Young, erstwhile director of the Heritage Languages Programme in the Department of Multiculturalism, has remained an ardent supporter of the project. The Canadian government's generous grant through her department resulted in the inception and completion of the first phase of the project. The two other major partners in this venture are the North York Board of Education and the Institute of Islamic Studies at McGill University. The North York Board and those involved in the International Languages Programme supported the project's housing, administration and funding as well as hosting regular meetings of the writing team at the administration building. Among many individuals at the North York Board of Education, special thanks go to Carol Christie, Armando Cristinziano, Susan Deschamps, Lois Jempson, and Barbara Toye for their help and advice in the submission of progress reports, preparation of applications for funding, and careful preparation and implementation of the terms of various contracts signed by the project team members. Sandra Brown patiently typed several revisions of the Teacher's Manual and the Introduction.

For the smooth field testing of the materials our thanks are due to the following Boards: in Metropolitan Toronto, the East York Region Board, Etobicoke, North York and Peel Boards, and in Ottawa, the Carleton Board of Education. Special thanks to these members of the Steering Committee: Irene Blayney (Carleton Board), Dr. Marcel Danesi (University of Toronto), Armando Cristinziano and Barbara Toye (North York Board), Izhar Mirza (National Federation of Pakistani Canadians), and Joseph Pizzolante (Etobicoke Board).

On substantive matters, James Cummins, professor of education at the Ontario Institute for Studies in Education, and Marcel Danesi, professor of Italian studies, University of Toronto, made invaluable contributions. The team is especially appreciative of Professor Danesi's enthusiastic support of the project and specific suggestions on methodology. He helped the team prepare the first lesson plan which was used as a model.

Lastly, I must acknowledge the unwavering commitment of the writing team: Humaira Ansari, Firdaus Beg, Rashida Mirza, and Hamda Saifi. Their multiple roles did not deter them from putting in endless hours writing original stories and preparing creative lesson plans. Rashida Yousuf, while living in Houston, Texas, showed the same commitment to the project as her counterparts in Canada. Thanks to her for illustrating the stories and the flashcard vocabulary. Farhat Ahmad, the coordinator, was the anchor of the team. She ably coordinated various components of the project, maintained productivity in long meetings, wrote progress reports, and kept minutes of the meetings. The writing team is indebted to the late Dr Iqbal Ahmad (a scholar, literary critic and fiction writer) for providing help in writing creative stories. Anwar Saeed Ansari volunteered to handwrite the entire Urdu text for field testing. Our warm thanks are also due to Ashfaq Hussain, the second coordinator. He joined the team when the project was almost complete, but without his generous volunteer help in getting the Urdu text composed in Pakistan, preparing the camera-ready copy for the press, and giving us technical and substantive assistance, this project would have taken much longer to reach the printing stage. Special thanks to Afshan and Sohail Rana who infused life into the poems and stories comprising the text by adding sound and music through the production of the audio cassettes. This long list of individuals who shaped and helped produce this work would not be complete without a special mention of Faruq Hassan who volunteered to type, among other things, parts of the *Workbook*, and the Urdu words in vocabulary lists and to coordinate them with their English equivalents.

Enthusiastic thanks as well to the McGill-Queen's University Press and its staff for their interest in publishing this unusual work. Philip Cercone, the executive director, appreciated the significance of this project and convinced Ottawa to provide a subsidy for publication. Susanne McAdam, production and design manager, ably steered the course of production, and Joan McGilvray, coordinating editor, provided helpful suggestions on the format and content.

The editor gratefully acknowledges permission to reprint copyrighted material. The publishers' names are approximately in order of the amount of material.

Ferozesons (Pvt.) Ltd., Publishers, Booksellers, Printers, Lahore, Pakistan. The collections from which the material has been drawn: *Jhunjhunā, Bulbulē, Jhūlnē, Chal Mērē Ghoṛē, Suno Piyārē Bacho*. Urdu Academy Sind, Creative Publishers, Karachi, Pakistan. Magi Publications, Hayes, Middx, U.K., for "A Brother for Celia." Western Publishing Company, Inc., Racine, Wisconsin, USA, for "To Grandmother's House We Go First."

Sajida S. Alvi

ABOUT THIS BOOK

This course is based on the premises that:

1) Language instruction can be effective only if parents take an active role in their child's language acquisition process.

2) A rich language environment, where the child is exposed to a wide range of spoken and written Urdu, provides a solid foundation for language instruction in the classroom.

3) The interest parents show in Urdu in general, and in the language instruction of their child in particular, is important in motivating the child to learn.

Parents are urged to speak Urdu with the child as often as possible. The home environment provides an important opportunity for children to see that Urdu can be used to communicate.

The course is designed for three levels: Junior Kindergarten, Senior Kindergarten, and Grade 1. The student's placement in a level will be based on the child's facility with the language rather that his/her chronological age.

This textbook contains forty lessons built around the theme "All About Me." This theme was chosen because children at the Kindergarten and Grade 1 levels show the greatest enthusiasm for things that relate to their personal needs, such as toys, clothing, food, and their immediate environment, such as home and school.

Each lesson in the book has a literature section containing a story or poem accompanied by sample questions and an illustrated vocabulary. Each volume includes two lists of vocabulary words that contain the Urdu word, an English transliteration of it, its grammatical category, and its English translation. The lists are alphabetized both by the transliteration and by the English translation. These lists should be of great help to parents in assisting their children with their Urdu lessons. The audio cassettes containing all forty lessons are also an immensely useful resource for children and for parents who have some familiarity with the language.

The methodology used in the course is that of "Activity-Based Learning," similar to the methodology used in courses for teaching language arts in the public school system. Children are encouraged to acquire language by becoming involved in meaningful activities related to a particular topic. For example, in the lesson on pets, children are asked to draw a picture of their favourite pet, and if possible, bring the pet to class to share with their classmates.

This structure provides the children with an opportunity to interpret a given topic through creative expression in both the visual arts and the communicative arts. At the Junior and Senior Kindergarten levels, the art created may be very simple. However, the child can take his/her creations home and parents' appreciation of this work provides an added incentive to continue the course.

This course assumes that children acquire literacy through exposure to written and oral language, through word recognition and recognition of the initial and final sounds in words, and through a grasp of the conventions of the written and oral language. Thus in this course, as in the teaching of English language in the public schools, learning to read and write Urdu does not begin with learning the alphabet. At an appropriate time in the course, however, the children will be taught the letter names of the Urdu alphabet.

During the course, parents' co-operation will be solicited in a variety of ways and a positive response is very important. Not only will the children be assigned homework that will require the parent's attention and help but the Urdu teacher often has very limited resources for material and support at his/her disposal. As well, and most importantly, a positive and encouraging attitude towards school activities provides encouragement and motivation for the child to learn.

Urdu is part of the South Asian Heritage; through the efforts of both teacher and parents children can learn the Urdu language and be proud of knowing it.

Farhat Ahmad

اُردو حروفِ تہجّی کے انگریزی میں متبادل

TRANSLITERATION SYSTEM OF THE URDU ALPHABET

الف	a	ز	z
ب	b	ژ	zh
بھ	bh	س	s
پ	p	ش	sh
پھ	ph	ص	s
ت	t	ض	z
تھ	th	ط	t
ٹ	ṭ	ظ	z
ٹھ	ṭh	ع	‘
ث	s	غ	gh
ج	j	ف	f
جھ	jh	ق	q
چ	ch	ک	k
چھ	c̲h̲	کھ	k̲h̲
ح	h	گ	g
خ	kh	گھ	g̲h̲
د	d	ل	l
دھ	dh	م	m
ڈ	ḍ	ں	ṇ
ڈھ	ḍh	ن	n
ذ	z	و	v or w
ر	r	ہ	h
ڑ	ṛ	ء	’
ڑھ	ṛh	ی	y

VOWELS AND DIPHTHONGS

ـَـ	a	و	o
ـُـ	u	ـَو	au
ـِـ	i	ـِی	ī
آ	ā	ـَی، ـے	ai/ay/ey
ـُو	ū		

VOCABULARY
English – Urdu

Abbreviations

adj.	adjectives
p.f.	plural feminine
s.f.	singular feminine
v.t.	verb transitive
adv.	adverb
p.m.	plural masculine
s.m.	singular masculine

ache	dard (s.m.)	درد
anger	ghussa (s.m.)	غصہ
apple	sēb (s.m.)	سیب
atmosphere	fazā (s.f.)	فضا
automobile	gāṛī (s.f.)	گاڑی
axe (small)	kulhaṛī (s.f.)	کلہاڑی
back	pīṭh (s.f.)	پیٹھ
backpack	basta (s.m.)	بستہ
ball	gaiṇd (s.f.)	گیند
balloons	ghubārē (p.m.)	غبارے
bananas	kēlē (p.m.)	کیلے
barbeque	barbeque (s.m.)	باربی کیو
basket	ṭokrī (s.f.)	ٹوکری
bat (baseball)	ballā (s.m.)	بلّا
bathroom	ghusl-khāna (s.m.)	غسل خانہ
bazar	bazar (s.m.)	بازار
bear	bhālū (s.m.)	بھالو
bed	bistar (s.m.)	بستر
beaver	beaver (s.m.)	بی ور
bell	ghanṭī (s.f.)	گھنٹی
bells	ghanṭiāṇ (p.f.)	گھنٹیاں
bench	bench (s.m.)	بینچ
bicycle	cycle (s.f.)	سائیکل
birds	pariṇdē (p.m.)	پرندے
black	siyāh (adj.)	سیاہ
blanket	kambal (s./p.m.)	کمبل
blouse	blouse (s.m.)	بلاؤز
blue	nīlā (adj.)	نیلا
books	kitābēṇ (p.f.)	کتابیں
boot	boot (s.m.)	بوٹ
bottle	botal (s.f.)	بوتل
bowl	piyālā (s.m.)	پیالہ
branch	shākh (s.f.)	شاخ
bricks	īṇṭēṇ (p.f.)	اینٹیں

brush	burash (s.m.)	بُرش
bubbles	bulbulē (p.m.)	بُلبُلے
bucket	bālṭī (s.f.)	بالٹی
burger	burger (s.m.)	برگر
burn	jalānā (v.t.)	جلانا
bus	bus (s.f.)	بس
butter	makkhan (s.m.)	مکھن
butterflies	titliyāṇ (p.f.)	تِتلیاں
butterfly	titilī (s.f.)	تتلی
cabbage	baṇd gobhī (s.f.)	بند گوبھی
cabinet, closet	almārī (s.f.)	الماری
cage	piṇjra (s.m.)	پنجرہ
cake	cake (s./p.m.)	کیک
calf	bachrā (s.m.)	بچھڑا
candle	mom-battī (s.f.)	موم بتی
cantaloupe	kharbūza (s.m.)	خربوزہ
card	card (s./p.m.)	کارڈ
caretaker	nigarān (s./p.m./f.)	نگران
carrot	gājar (s.f.)	گاجر
cat	billī (s.f.)	بِلّی
catch	pakaṛnā (v.t.)	پکڑنا
cauliflower	gobhī (s.f.)	گوبھی
cheeta	chītā (s.m.)	چیتا
chicken leg	murghī kī tang (s.f.)	مرغی کی ٹانگ
clothes	kapṛē (p.m.)	کپڑے
clouds	bādal (s./p.m.)	بادل
coat	coat (s./p.m.)	کوٹ
corn	maka'ī (s.f.)	مکئی
cornflakes (cereal)	cornflakes (p.m.)	کارن فلیک
courtyard	āṇgan (s.m.)	آنگن
cow	gā'ē (s.f.)	گائے
crane	crane (s.f.)	کرین
daughter	bēṭī (s.f.)	بیٹی
dirty	gaṇdā (adj.)	گندہ
dishes	bartan (s./p.m.)	برتن

ditch	gaṛhā (s.m.)	گڑھا
doctor	doctor (s./p.m./f.)	ڈاکٹر
doll	guṛiyā (s./p.f.)	گڑیا
door	darvāza (s.m.)	دروازہ
dove	fākhta (s./p.f.)	فاختہ
dress-gown for girls/women	pishvāz (s.f.)	پشواز
drops	qatrē (p.m.)	قطرے
drum	ḍholak (s.m.)	ڈھولک
duck	battakh (s.f.)	بطخ
ear	kān (s./p.m.)	کان
earth	zamīn (s.f.)	زمین
eggs	aṇḍē (p.m.)	انڈے
eight o'clock	aṭh bajē (adj.)	آٹھ بجے
elbow	kōhnī (s.f.)	کہنی
elephant	hāthī (s./p.m.)	ہاتھی
enclosure	janglā (s.m.)	جنگلا
eye	āṇkh (s.f.)	آنکھ
eyes	āṇkhēṇ (p.f.)	آنکھیں
face	chehrā (s.m.)	چہرہ، منہ
factory	kār-khāna (s.m.)	کارخانہ
father	abbū (s.m.)	ابّو
feet	payr (s/p.m.)	پیر
fire	āg (s.f.)	آگ
fire engine	āg bujhānē vālī gāṛī (s.f.)	آگ بجھانے والی گاڑی
fish	machlī (s.f.)	مچھلی
flag	jhaṇḍā (s.m.)	جھنڈا
flies	makkhiyāṇ (p.f.)	مکھیاں
flower	phūl (s./p.m.)	پھول
fodder	chārā (s.m.)	چارا
fountain	favvāra (s.m.)	فوّارہ
four o'clock	chār bajē (adj.)	چار بجے
Friday	Jum'a (s.m.)	جمعہ
frock, girls' dress	frock (s.f.)	فراک
fruit	phal (s./p.m.)	پھل
garbage	kūṛā (s.m.)	کوڑا

garbage-can	kuṛē kā ḍibba (s.m.)	کوڑے کا ڈبہ
garbage truck	kuṛē kā ṭruck (s.m.)	کوڑے کا ٹرک
garden	bāgh (s.m.)	باغ
gift	tohfa (s.m.)	تحفہ
girl	laṛkī (s.f.)	لڑکی
gloves	dastānē (p.m.)	دستانے
grandfather (maternal)	nānā (s.m.)	نانا
grandmother (maternal)	nānī (s.f.)	نانی
grapes	aṇgūr (s./p.m.)	انگور
grass	ghās (s.f.)	گھاس
green	sabz (adj.)	سبز
ground (see earth)		
hair	bāl (s/p.m.)	بال
hand	hāth (s./p.m.)	ہاتھ
happy	khush (adj.)	خوش
hat	ṭopī (s.f.)	ٹوپی
hen	murghī (s.f.)	مُرغی
hen-sparrow	chiṛiyā (s.f.)	چڑیا
hole	surākh (s.m.)	سوراخ
horse	ghoṛā (s.m.)	گھوڑا
hospital	haspatāl (s./p.m.)	ہسپتال
hot	garm (adj.)	گرم
house	ghar (s.m.)	گھر
ice cream	ice cream (s.f.)	آئس کریم
jelly	jelly (s.f.)	جیلی
jungle	jungle (s.m.)	جنگل
kitchen	bāvarchī-khāna (s.m.)	باورچی خانہ
kite	patang (s.f.)	پتنگ
knees	ghuṭnē (p.m.)	گھٹنے
land (see earth)		
leaf	patta (s.m.)	پتا، پتہ
letter	khatt (s.m.)	خط
lettuce	salād (s.f.)	سلاد
librarian	librarian (s./p.m/f.)	لائبریرین
lifesaving jacket	hifāzatī jacket (s.f.)	حفاظتی جیکٹ

lion	shēr (s.m.)	شیر
loaf of bread	dabal roṭī (s.f.)	ڈبل روٹی
mango	ām (s.m.)	آم
maple	maple tree (s.m.)	میپل
market	bazar (s.m.)	بازار
meat	gōsht (s.m.)	گوشت
medicine	davā (s.f.)	دوا
milk	dūdh (s.m.)	دُودھ
mirror	ā'īna (s.m.)	آئینہ
Monday	pīr (s.m.)	پیر
monkey	baṇdar (s.m.)	بندر
moon	chāṇd (s.m.)	چاند
mother	ammī (s.f.)	امّی
moustache	mūṇchaiṇ (p.f.)	مونچھیں
mouth, face	muṇh (s.m.)	مُنہ، چہرہ
nest	ghonslā (s.m.)	گھونسلہ
night	rāt (s.f.)	رات
nine o'clock	nau bajē (adj.)	نو بجے
nose	nāk (s.f.)	ناک
orange	nāraṇgī (s.f.)	نارنگی
orange colour	nāraṇjī (adj.)	نارنجی
overcoat, traditional	shērvānī (s.f.)	شیروانی
owl	ullū (s.m.)	اُلّو
paper	kāghaz (s./p.m.)	کاغذ
parrot	totā (s.m.)	طوطا
peanut butter	peanut butter (s.m.)	پی نٹ بٹر
peas	maṭar (s./p.m.)	مٹر
peel	c̱hilkā (s.m.)	چھلکا
picnic table	picnic kī mēz (s.f.)	پکنک کی میز
pipe	pipe (s.m.)	پائپ
place for religious festival	'īd-gāh (s.m.)	عید گاہ
porridge	daliya (s.m.)	دلیہ
potato	ālū (s.m.)	آلو
prayer	namāz (s.f.)	نماز
principal	principal (s./p.m./f.)	پرنسپل

purple	jāmnī (adj.)	جامنی
pyjamas, tight	taṇg pājāma (s.m.)	تنگ پاجامہ
rabbit	khargōsh (s.m.)	خرگوش
rainbow	dhanak (s.f.)	دھنک
red	lāl (adj.)	لال
religious festival	'īd (s.f.)	عید
rice	chāval (s./p.m.)	چاول
ring to sound	bājāña (v.t.)	بجانا
river	daryā (s.m.)	دریا
rod	daṇdā (s.m.)	ڈنڈا
roof	chat (s.f.)	چھت
room	kamra (s.m.)	کمرہ
sad	ranjīda (adj.)	رنجیدہ
salad	salād (s.f.)	سلاد
Saturday	hafta (s.m.)	ہفتہ
scarf	muffler (s./p.m.)	مفلر
scarf, long for girls/women	dopaṭṭa (s.m.)	دوپٹہ
school	iskūl (s.m.)	اسکول
seat	nishast (s.f.)	نشست
seed	bīj (s.m.)	بیج
secretary	secreṭary (s./p.f./m.)	سیکریٹری
shirt, traditional	kurtā (s.m.)	کرتا
sing	gānā (v.t.)	گانا
siren	siren (s.m.)	سائرن
six o'clock	chēh bajē (adj.)	چھ بجے
slide	phisal-bandā (s.m.)	پھسل بنڈا
smell	sūṇghnā (v.t.)	سُونگھنا
snow	baraf (s.f.)	برف
snowman	baraf kā ādmī (s.m.)	برف کا آدمی
soap	sāban (s.m.)	صابن
socks	mozē (p.m.)	موزے
soft	narm (adj.)	نرم
son	bēṭā (s.m.)	بیٹا
song	gāna (s.m.)	گانا
spinach	pālak (s.f.)	پالک

squirrel	gilahrī (s.f.)	گلہری
stars	tārē (p.m.)	تارے
stairs	siṛhiyān (p.f.)	سیڑھیاں
sticks	lakṛiyāṇ (p.f.)	ڈنڈے
stone	patthar (s./p.m.)	پتھر
strawberry	strawberry (s.f.)	اسٹرابیری
string	rassī (s.f.)	رسّی
sun	sūraj (s.m.)	سورج
Sunday	itvār (s.m.)	اِتوار
sunglasses	dhūp kī ‘aynak (s.f.)	دُھوپ کی عینک
swan	rāj-haṇs (s.m.)	راج ہنس
sweater	sweater (s.m.)	سویٹر
sweetmeat	halvā (s.m.)	حلوہ
swimming suit	tairākī kā libās (s.m.)	تیراکی کالباس
swing	jhūlā (s.m.)	جھُولا
taste	chak͟hnā (v.t.)	چکھنا
teacher	ustād (s./p.m./f.)	اُستاد
teacher	ustānī (s.f.)	اُستانی
ten o’clock	das bajē (adj.)	دس بجے
tent	khaima (s.m.)	خیمہ
three o’clock	tīn bajē (adj.)	تین بجے
throw	pheṇknā (v.t.)	پھینکنا
Thursday	jum‘e-rāt (s.f.)	جمعرات
time	waqt (s.m.)	وقت
tin can	ṭīn kā ḍibba (s.m.)	ٹین کا ڈبہ
tomato	ṭimāṭar (s./p.m.)	ٹماٹر
towel	tauliya (s.m.)	تولیہ
toys	k͟helaunē (s./p.m.)	کھلونے
tractor	ṭracṭor (s.m.)	ٹریکٹر
tree	darakht (s.m.)	درخت
trousers, baggy	shalvār (s.f.)	شلوار
truck	ṭruck (s.m.)	ٹرک
Tuesday	maṇgal (s.m.)	منگل
turban	sāfa (s.m.)	صافہ
turtle	kachu’ā (s.m.)	کچھوا

twelve o'clock	bāra bajē (adj.)	بارہ بجے
two o'clock	do bajē (adj.)	دو بجے
umbrella	c̲hatrī (s.f.)	چھتری
vermicelli	sivayyāṇ (p.f.)	سوّیاں
vest	sadrī (s.f.)	صدری
wake someone up	jagānā (v.t.)	جگانا
wall	dīvār (s.f.)	دیوار
warm clothes	garm kapṛē (p.m.)	گرم کپڑے
wash	dhonā (v.t.)	دھونا
watermelon	tarbūz (s.m.)	تربوز
Wednesday	budh (s.m.)	بُدھ
week	hafta (s.m.)	ہفتہ
wheat	gēhūṇ (s.m.)	گیہوں
wheel	pahiya (s.m.)	پہیہ
window	k̲hiṛkī (s.f.)	کھڑکی
wolf	bheṛiyā (s.m.)	بھیڑیا
world	dunyā (s.f.)	دُنیا
yellow	pīlā (adj.)	پیلا
yogurt	dahī (s.m.)	دہی

VOCABULARY
Urdu – English

Abbreviations

adj.	adjectives
p.f.	plural feminine
s.f.	singular feminine
v.t.	verb transitive
adv.	adverb
p.m.	plural masculine
s.m.	singular masculine

آ

āṭh bajē (adj.)	eight o'clock	آٹھ بجے
āg (s.f.)	fire	آگ
āg bujhānē vālī gāṛī (s.f.)	fire engine	آگ بجھانے والی گاڑی
ālū (s.m.)	potato	آلو
ām (s.m.)	mango	آم
āṇkh (s.f.)	eye	آنکھ
āṇkhēṇ (p.f.)	eyes	آنکھیں
āṇgan (s.m.)	courtyard	آنگن
ice cream (s.f.)	ice cream	آئس کریم
ā'ina (s.m.)	mirror	آئینہ

الف

abbū (s.m.)	father	ابّو
itvār (s.m.)	Sunday	اِتوار
ustād (s.m./f.)	teacher	اُستاد
ustānī (s.f.)	teacher	اُستانی
strawberry (s.f.)	strawberry	اسٹرابیری
iskūl (s.m.)	school	اسکول
almārī (s.f.)	cabinet, closet	الماری
ullū (s.m.)	owl	اُلّو
ammī (s.f.)	mother	امّی
aṇḍē (p.m.)	eggs	انڈے
aṇgūr (s./p.m.)	grapes	انگور
īṇṭēṇ (p.f.)	bricks	اِینٹیں

ب

bādal (s./p.m.)	clouds	بادل
barbecue (s.m.)	barbecue	باربی کیو
bāra bajē (adj.)	twelve o'clock	بارہ بجے
bazar (s.m.)	bazar	بازار
bāgh (s.m.)	garden	باغ
bāl (s./p.m.)	hair	بال
bālṭī (s.f.)	bucket	بالٹی
bāvarchī-khāna (s.m.)	kitchen	باورچی خانہ

bajānā (v.t.)	ring to sound	بجانا
bachṛā (s.m.)	calf	بچھڑا
budh (s.m.)	Wednesday	بُدھ
bartan (s./p.m.)	dishes	برتن
burash (s.m.)	brush	بُرش
baraf (s.f.)	snow	برف
baraf kā ādmī (s.m.)	snowman	برف کا آدمی
burger (s.m.)	burger	برگر
bus (s.f.)	bus	بس
bistar (s.m.)	bed	بِستر
basta (s.m.)	backpack	بستہ
battakh (s.f.)	duck	بطخ
ballā (s.m.)	bat (baseball)	بَلّا
blouse (s.m.)	blouse	بلاؤز
bulbulē (p.m.)	bubbles	بُلبُلے
billī (s.f.)	cat	بِلّی
banḍar (s.m.)	monkey	بندر
banḍ gobhī (s.f.)	cabbage	بند گوبھی
botal (s.f.)	bottle	بوتل
booṭ (s.m.)	boots	بُوٹ
bhālū (s.m.)	bear	بھالو
bheṛiyā (s.m.)	wolf	بھیڑیا
bēṭā (s.m.)	son	بیٹا
bēṭī (s.f.)	daughter	بیٹی
bīj (s.m.)	seed	بیج
bench (s.m.)	bench	بینچ
beaver (s.m.)	beaver	بی ور

پ

pālak (s.f.)	spinach	پالک
pipe (s.m.)	pipe	پائپ
patang (s.f.)	kite	پتنگ
patta (s.m.)	leaf	پتا، پتہ
patthar (s./p.m.)	stone	پتھر
parinḍē (p.m.)	birds	پرندے

principal (s./p.m./f.)	principal	پرنسپل
pishvāz (s.f.)	dress-gown for girls/women	پشواز
pakaṛnā (v.t.)	catch	پکڑنا
picnic kī mēz (s.f.)	picnic table	پکنک کی میز
pinjra (s.m.)	cage	پنجرہ
pahiya (s.m.)	wheel	پہیہ
phisal-bandā (s.m.)	slide	پھسل بنڈا
phal (s./p.m.)	fruit	پھل
phūl (s./p.m.)	flower	پھول
pheṇknā (v.t.)	throw	پھینکنا
pīṭh (s.f.)	back	پیٹھ
piyāla (s.m.)	bowl	پیالہ
pīr (s.m.)	Monday	پیر
pīlā (adj.)	yellow	پیلا
peanut butter (s.m.)	peanut butter	پی نٹ بٹر
payr (s./p.m.)	feet	پیر

ت

tārē (p.m.)	stars	تارے
titlī (s.f.)	butterfly	تتلی
titliyāṇ (p.f.)	butterflies	تتلیاں
tohfa (s.m.)	gift	تحفہ
tarbūz (s.m.)	watermelon	تربوز
tang pājāma (s.m.)	pyjamas, tight	تنگ پاجامہ
tauliya (s.m.)	towel	تولیہ
tairākī kā libās (s.m.)	swimming suit	تیراکی کالباس
tīn bajē (adj.)	three o'clock	تین بجے

ٹ

ṭruck (s.m.)	truck	ٹرک
ṭracṭor (s.m.)	tractor	ٹریکٹر
ṭimāṭar (s.m.)	tomato	ٹماٹر
ṭopī (s.f.)	hat	ٹوپی
ṭokrī (s.f.)	basket	ٹوکری
ṭīn kā dibba (s.m.)	tin can	ٹین کاڈبہ

ج

jāmnī (adj.)	purple	جامنی
jagānā (v.t.)	wake someone up	جگانا
jalānā (v.t.)	burn	جلانا
jum‘e-rāt (s.f.)	Thursday	جمعرات
jum‘a (s.m.)	Friday	جمعہ
jungle (s.m.)	jungle	جنگل
junglā (s.m.)	enclosure	جنگلا
jhanḍā (s.m.)	flag	جھنڈا
jhūlā (s.m.)	swing	جھولا
jelly (s.f.)	jelly	جیلی

چ

chāra (s.m.)	fodder	چارا
chār bajē (adj.)	four o’clock	چار بجے
chāṇd (s.m.)	moon	چاند
chāval (s./p.m.)	rice	چاول
chiṛiyā (s.f.)	hen-sparrow	چڑیا
chakhnā (v.t.)	taste	چکھنا
chehra (s.m.)	face	چہرہ
c̲h̲e bajē (adj.)	six o’clock	چھ بجے
c̲h̲at (s.f.)	roof	چھت
c̲h̲atrī (s.f.)	umbrella	چھتری
c̲h̲ilkā (s.m.)	peel	چھلکا

ح

hifāzatī jacket (s.f.)	lifesaving jacket	حفاظتی جیکٹ
halvā (s.m.)	sweetmeat	حلوہ

خ

kharbūza (s.m.)	cantaloupe	خربوزہ
khargōsh (s.m.)	rabbit	خرگوش
khatt (s.m.)	letter	خط
khush (adj.)	happy	خوش

khaima (s.m.)	tent	خیمہ
	د	
darakht (s.m.)	tree	درخت
dard (s.m.)	ache	درد
darvāza (s.m.)	door	دروازہ
daryā (s.m.)	river	دریا
das bajē (adj.)	ten o'clock	دس بجے
dastānē (p.m.)	gloves	دستانے
daliya (s.m.)	porridge	دلیہ
davā (s.f.)	medicine	دوا
do bajē (adj.)	two o'clock	دو بجے
dopaṭṭa (s.m.)	long scarf for girls/women	دوپٹّہ
dūdh (s.m.)	milk	دودھ
dunyā (s.f.)	world	دنیا
dahī (s.m.)	yogurt	دہی
dhup kī'aynak (s.f.)	sunglasses	دھوپ کی عینک
dhonā (v.t.)	wash	دھونا
dhanak (s.f.)	rainbow	دھنک
dīvār (s.f.)	wall	دیوار
	ڈ	
ḍoctor (s./p.m./f.)	doctor	ڈاکٹر
ḍaṇḍā (s.m.)	rod	ڈنڈا
ḍabal roṭī (s.f.)	loaf of bread	ڈبل روٹی
ḍholak (s.m.)	drum	ڈھولک
	ر	
rāt (s.f.)	night	رات
rāj-haṇs (s.m.)	swan	راج ہنس
rassī (s.f.)	string	رسی
ranjīda (adj.)	sad	رنجیدہ
	ز	
zamīn (s.f.)	earth, land, ground	زمین

س

cycle (s.f.)	bicycle	سائیکل
siren (s.m.)	siren	سائرن
sabz (adj.)	green	سبز
salād (s.f.)	lettuce	سلاد
surākh (s.m.)	hole	سوراخ
sūraj (s.m.)	sun	سُورج
sūṇghnā (v.t.)	smell	سُونگھنا
sivayyāṇ (p.f.)	vermicelli	سویّاں
sweater (s.m.)	sweater	سویٹر
siyāh (adj.)	black	سیاہ
sēb (s.m.)	apple	سیب
secreṭary (s./p.m./f.)	secretary	سیکریٹری
sīṛhiyān (p.f.)	stairs	سِیڑھیاں

ش

shākh (s.f.)	branch	شاخ
shalvār (s.f.)	baggy trousers	شلوار
shēr (s.m.)	lion	شیر
shērvānī (s.f.)	traditional overcoat	شیروانی

ص

sāban (s.m.)	soap	صابن
sāfa (s.m.)	turban	صافہ
sadrī (s.f.)	vest	صدری

ط

totā (s.m.)	parrot	طوطا

ع

‘īd (s.f.)	religious festival	عِید
‘īd-gāh (s.m.)	place for rel. fest.	عِید گاہ

غ

ghubārē (p.m.)	balloons	غُبارے
ghuṣl-khāna (s.m.)	bathroom	غُسل خانہ
ghussa (s.m.)	anger	غُصہ

ف

fākhta (s./p.f.)	dove	فاختہ
frock (s.f.)	girls' dress	فراک
fazā (s.f.)	atmosphere	فضا
favvāra (s.m.)	fountain	فوّارہ

ق

qatrē (p.m.)	drops	قطرے

ک

kār-khāna (s.m.)	factory	کارخانہ
card (s./p.m.)	card	کارڈ
cornflakes (p.m.)	cornflakes (cereal)	کارن فلیکس
kāghaz (s./p.m.)	paper	کاغذ
kān (s./p.m.)	ear	کان
kapṛē (p.m.)	clothes	کپڑے
kitābēṉ (p.f.)	books	کِتابیں
kachu'ā (s.m.)	turtle	کچھوا
kurtā (s.m.)	traditional shirt	کرتا
crane (s.f.)	crane	کرین
kulhāṛī (s.f.)	axe (small)	کلہاڑی
kambal (s./p.m.)	blanket	کمبل
kamra (s.m.)	room	کمرہ
coat (s./p.m.)	coat	کوٹ
kūṛā (s.m.)	garbage	کوُڑا
kūṛē kā ṭruck (s.m.)	garbage truck	کوُڑے کا ٹرک
kuṛē kā ḍibba (s.m.)	garbage can	کوُڑے کا ڈبہ
kōhnī (s.f.)	elbow	کہنی
khiṛkī (s.f.)	window	کھڑکی
khelaunē (s./p.m.)	toys	کھلونے
cake (s./p.m.)	cake	کیک

kēlē (s./p.m.)	bananas	کیلے

گ

gājar (s.f.)	carrot	گاجر
gāṛī (s.f.)	automobile	گاڑی
gānā (s.m./v.t.)	song; to sing	گانا
gā'ē (s.f.)	cow	گائے
ghuṭnē (p.m.)	knees	گھٹنے
garm (adj.)	hot, warm	گرم
garm kapṛē (p.m.)	warm clothes	گرم کپڑے
gaṛhā (s.m.)	ditch	گڑھا
guṛiyā (s./p.f.)	doll	گڑیا
gilahrī (s.f.)	squirrel	گلہری
ganda (adj.)	dirty	گندہ
gōbhī (s.f.)	cauliflower	گوبھی
gōsht (s.m.)	meat	گوشت
ghās (s.f.)	grass	گھاس
ghar (s.m.)	house	گھر
ghanṭī (s.f.)	bell	گھنٹی
ghanṭiāṇ (p.f.)	bells	گھنٹیاں
ghoṛā (s.m.)	horse	گھوڑا
ghoṇslā (s.m.)	nest	گھونسلا
gaiṇd (s.f.)	ball	گیند
gēhūn (s.m.)	wheat	گیہوں

ل

lāl (adj.)	red	لال
librarian (s./p.m./f.)	librarian	لائبیریرین
laṛkī (s.f.)	girl	لڑکی
lakṛiyān (p.f.)	sticks	لکڑیاں

م

maṭar (s./p.m.)	peas	مٹر
machlī (s.f.)	fish	مچھلی
murghī (s.f.)	hen	مُرغی

murghī kī ṭāṇg (s.f.)	chicken leg	مُرغی کی ٹانگ
muffler (s./p.m.)	scarf	مفلر
makk͟han (s.m.)	butter	مکھن
makk͟hiyān (p.f.)	flies	مکھیاں
maka'ī (s.f.)	corn	مکئی
maṇgal (s.m.)	Tuesday	منگل
muṇh (s.m.)	mouth, face	منہ
mozē (p.m.)	socks	موزے
mom-battī (s.f.)	candle	موم بتی
mūṇchaiṇ (p.f.)	mustache	مونچھیں
maple (s.m.)	maple tree	میپل

ن

nāraṇjī (adj.)	orange colour	نارنجی
nāraṇgī (s.f.)	orange	نارنگی
nāk (s.f.)	nose	ناک
nānā (s.m.)	maternal grandfather	نانا
nanī (s.m.)	maternal grandmother	نانی
narm (adj.)	soft	نرم
nishast (s.f.)	seat	نشست
nigarān (s./p.m./f.)	caretaker	نِگران
namāz (s.f.)	prayer	نماز
nau bajē (adj.)	nine o'clock	نو بجے
nīlā (adj.)	blue	نِیلا

و

waqt (s.m.)	time	وقت

ہ

hāth (s./p.m.)	hand	ہاتھ
hāthī (s./p.m.)	elephant	ہاتھی
haspatāl (s./p.m.)	hospital	ہسپتال
hafta (s.m.)	Saturday, week	ہفتہ

کینیڈا میں اُردو کا سلسلہ وار نصاب

بچّوں کے لیے اُردو کی پہلی کتاب

(پہلا حصّہ)

مدیرِ اعلیٰ
ڈاکٹر ساجدہ علوی

معاونین
فرحت احمد - اشفاق حسین

مجلسِ مصنّفین
حمیرہ انصاری - فردوس بیگ - رشیدہ مرزا - حامدہ سیفی

تزئین کار : راشدہ یوسف

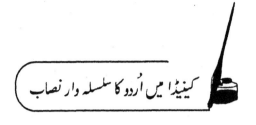

فہرستِ مضامین

میری امّی

صاف اور سُتھرے اُجلے اُجلے
پیارے پیارے اچّھے اچّھے
پہناتی ہے مجھ کو کپڑے
کتنی پیاری
میری امّی

روٹی چاول سالن چائے
سب کچھ خود ہی گھر میں پکائے
مجھ کو کھلائے سب کو کھلائے
کتنی پیاری
میری امّی

مجھ کو پڑھائے گھر پر بھی تو
آسان کردے جو مشکل ہو
خوش ہو، دیکھے جب خوش مجھ کو
کتنی اچھّی
میری امّی

امّی

ابّو

بیٹی

بیٹا

سوالات

۱۔ آپ کے خاندان میں کتنے لوگ ہیں؟

۲۔ کیا آپ کے کوئی بھائی بہن ہیں؟

۳۔ کیا آپ کے نانا اور نانی آپ کے پاس رہتے ہیں؟

۴۔ کیا آپ کے دادا اور دادی آپ کے پاس رہتے ہیں

۵۔ آپ کے گھر اور کون رہتا ہے؟

قواعد: صفت

صاف۔ سُتھرے۔ اُجلے۔ پیارے۔

نادیہ کا بھائی

امّی کی طبیعت ٹھیک نہیں تھی لیکن پھر بھی خوش تھیں۔ "جلد ہی ہم لوگ پانچ ہوجائیں گے۔ تم لڑکیوں کو ایک بھائی یا ایک اور بہن مل جائے گی۔ ہمارے یہاں ایک بچّہ پیدا ہونے والا ہے۔" ابّو نے انہیں یہ بات بتائی۔

امّی اور ابّو نے آنے والے بچے کے لئے ڈھیروں چیزیں خریدنی شروع کردیں۔ نادیہ بڑی بے چینی محسوس کر رہی تھی۔ اس کو یہ احساس ہو رہا تھا کہ کوئی اس کی طرف دھیان نہیں دے رہا ہے۔

آخر وہ دن آ ہی گیا۔

چند روز کے لئے امّی ہسپتال چلی گئیں اور لڑکیاں اپنی دادی امّاں کے پاس چلی گئیں۔

"نادیہ خوش ہو جاؤ۔ تمہارا ایک ننھّا منّا بھائی پیدا ہوا ہے۔" دادی نے کہا۔

نادیہ نے کوئی جواب نہیں دیا۔ لیکن شازیہ بچّے کے بارے میں سب کُچھ جاننا چاہتی تھی۔ "کیا وہ موٹا ہے؟ اس کے بالوں کا رنگ کیسا ہے؟" بعد میں دادی لڑکیوں کو ہسپتال لے گئیں۔

بچّہ بہت چھوٹا سا تھا اور کمبل میں لپٹا ہوا تھا۔ نادیہ کو صرف اس کا چھوٹا سا سر نظر آرہا تھا۔ بہت سارے دوسرے لوگ اسے دیکھ رہے تھے۔

"کتنا پیارا ہے یہ بچّہ!" ایک شخص نے کہا۔

"اس کے کتنے گھنے بال ہیں!" دوسرے نے کہا۔

ہر شخص کو اس سے اتفاق تھا کہ بچّے کے گھنگھریالے بال بہت اچھّے لگ رہے ہیں۔

سونے سے پہلے نادیہ اور شازیہ اپنے دانت صاف کر رہی تھیں لیکن نادیہ آئینے میں گھورتی رہی۔

"شازیہ! کیا میرا چہرہ گول ہے؟" اس نے پوچھا۔

"ہاں، تھوڑا سا۔" شازیہ نے جواب دیا۔

"جب میں چھوٹی تھی کیا تب بھی میرا چہرہ گول تھا؟ کیا میرے بال گھنگھریالے تھے؟" نادیہ نے پھر پوچھا۔

"مجھے یاد نہیں۔" شازیہ نے جمائی لیتے ہوئے جواب دیا۔

ان کا ننھا منّا بھائی بڑا پیارا تھا لیکن وبالِ جان تھا۔ کیوں کہ وہ امّی کا سارا وقت لے لیتا تھا۔ وہ ہر وقت یا تو اسے دودھ پلاتی رہتیں یا نہلاتیں یا اس کے کپڑے بدلتی رہتی تھیں۔ ان کے پاس نادیہ کے لئے بالکل وقت نہیں تھا۔

اب نادیہ کو اسکول کے لئے خود ہی تیار ہونا پڑتا تھا۔ ابّو لڑکیوں کو وقت پر

اسکول لے جانے کے لئے بے چین ہوتے۔ یہ جلدی کرو' وہ جلدی کرو کہتے اور امی کو تو چھوٹے بھائی کے کاموں سے فرصت نہیں تھی۔ روز کا یہی قصّہ تھا۔ یہاں تک کہ ایک صبح نادیہ غسل خانے سے نکل ہی نہیں رہی تھی۔
"جلدی کرو نادیہ!" امّی نے ہمیشہ کی طرح کہا۔ "ورنہ تمہیں اسکول کے لئے دیر ہو جائے گی۔"

"جلدی کرو نادیہ!" ابّو نے کہا۔ "تمہارا ناشتہ تیار ہے۔"
آخر کار نادیہ باہر آگئی۔ سب اسے حیرت سے دیکھنے لگے۔
"تم نے اپنے بالوں کا کیا کیا؟" سب نے ایک آواز سے کہا۔ نادیہ نے اپنے بال کاٹ لئے تھے۔ وہ غصّے میں لگ رہی تھی اور ساتھ ہی رنجیدہ بھی۔ امّی دوڑ کر نادیہ کے پاس گئیں۔ نادیہ کو انھوں نے گود میں اٹھالیا۔ نادیہ نے کچھ نہیں کہا۔ اس کی سمجھ میں نہیں آرہا تھا کہ کیا کہے لیکن امّی فوراً سمجھ گئیں۔
"تم دونوں جاؤ۔" امّی نے شازیہ اور ابّو سے کہا۔ "نادیہ بعد میں آئے گی جب ہم اس کے بال کاٹنا ختم کردیں گے۔ تب۔"

پھر امّی نے نادیہ کے بال' قاعدے سے کاٹے۔ نادیہ اپنے بالوں کے نئے اسٹائل سے بہت خوش ہوئی۔ اس وقت تک اس کے چھوٹے بھائی نے رو رو کر آسمان سر پر اٹھالیا تھا۔
"تم میری مدد کروگی نادیہ؟" امّی نے پوچھا۔ "اس بچّے نے تو مجھے تھکا دیا ہے۔"
اس کے بعد سے نادیہ نے چھوٹے بھائی کی دیکھ بھال میں مدد کرنی شروع کردی۔ جب وہ روتا یا شرارت کرتا تو نادیہ کو وہ اچھّا نہیں لگتا تھا لیکن جب بھی

وہ مُسکراتا تو پھر نادیہ کو یوں لگتا کہ وہ دنیا کا سب سے پیارا بچّہ ہے۔

(انگریزی سے ماخوذ)

سوالات

۱۔ نادیہ کی امّی اور ابّو کس کے لئے چیزیں خرید رہے تھے؟

۲۔ نادیہ فکرمند کیوں تھی؟

۳۔ نادیہ کی امّی جب ہسپتال میں تھیں تو شازیہ اور نادیہ کی دیکھ بھال کس نے کی؟

۴۔ نادیہ نے اپنی طرف توجّہ دلانے کے لئے کیا کیا؟

۵۔ نادیہ کا بھائی جب روتا یا ہنستا تو اس کو کیسا لگتا تھا؟

قواعد: صفت

گول۔ گھنگھریالے۔ خوش۔ رنجیدہ۔ اچھّا۔

بال

چہرہ

آئینہ

ہسپتال

چیکو کا گھر

امّاں خرگوشنی ایک دن چیکو سے بولیں۔ "بیٹا۔ چیکو تم اب ماشاء اللہ بڑے ہو گئے ہو۔ اب اپنا گھر خود بناؤ اور اس میں زندگی بسر کرو۔"

چیکو کو امّی کی بات بہت اچھی لگی۔ وہ سوچنے لگا کہ میں اپنا گھر خود بناؤں گا۔ پھر اسے سجاؤں گا۔ رات بھر اسے نیند نہ آئی۔ وہ سوچتا رہا کہ گھر کہاں بناؤں۔ صُبح سویرے چیکو تیار ہوا۔ امّی کو خدا حافظ کہا اور گھر سے چل دیا وہ راستے میں گُنگُناتا جاتا تھا۔

چھوٹا سا گھر بناؤں گا
اچھّا سا گھر بناؤں گا
جب ہو گیا تیّار گھر
پھر خوب اسے سجاؤں گا

چلتے چلتے چیکو کو ایک جھاڑی دکھائی دی۔ اس میں بہت سے پھول لگے ہوئے تھے۔ چیکو کو یہ جگہ بہت پسند آئی۔ اس نے جھاڑی کے قریب کھُدائی شروع کردی۔ پہلے اس نے آگے کا دروازہ بنایا۔ پھر ایک سونے کا کمرہ بنایا۔ ایک بیٹھنے کا کمرہ بنایا اور ایک کھانے کا کمرہ اور آخر میں اس نے ایک چھوٹا سا باورچی خانہ بھی بنالیا۔

جب گھر بن کر تیار ہوگیا۔ تو چیکو نے جھاڑی کے پھُولوں سے خوب سجایا۔ چیکو گھر کو دیکھ کر بہت خوش تھا۔ امّاں خرگوشنی نے جب چیکو کا گھر دیکھا تو بہت خوش ہوئیں۔ مگر اُنھیں ایک چیز کی کمی محسوس ہوئی اور بولیں۔ "چیکو تمھارا گھر تو بہت اچّھا ہے مگر تم پیچھے کا دروازہ بنانا بھول گئے۔ یہ دروازہ بہت ضروری ہے۔ کیوں کہ خطرے کے وقت تم پیچھے کے دروازے سے بھاگ سکتے ہو۔"

"آپ اس کی فکر نہ کریں۔" چیکو نے جواب دیا۔ "یہ جگہ بہت محفوظ ہے۔" یہ بات سُن کر امّی چُپ ہوگئیں۔

ایک دن چیکو اپنے کمرے میں بیٹھا تھا کہ ایک کُتّے کے بھونکنے کی آواز آئی۔ پھر ایک دھماکے سے اس کا آگے کا دروازہ ٹوٹ گیا۔ چیکو کا دل زور زور سے دھڑکنے لگا۔ "کاش کہ پیچھے کا دروازہ ہوتا تاکہ میں بھاگ کر نکل سکتا۔" چیکو سوچنے لگا۔

تھوڑی دیر میں ایک آدمی کی آواز آئی۔ کالو تم زمین کیوں کھود رہے ہو۔ چلو ہمیں گھر جلدی پہنچنا ہے۔" جب کالو کُتّا چلا گیا تو چیکو ہانپتا کانپتا باہر نکلا۔ اس کا گھر کافی ٹوٹ چکا تھا اور اس میں اب مرمّت کی ضرورت تھی۔ چیکو نے دل میں کہا۔ "مرمّت تو بعد میں کرتا رہوں گا۔ پہلے پیچھے کا دروازہ تو بنالوں۔"

(انگریزی سے ماخوذ)

سوالات

۱۔ چیکو نے اپنے گھر کو کس طرح سجایا؟

۲۔ گھر میں دوسرا دروازہ بنانا کیوں ضروری تھا؟

۳۔ کیا آپ اپنے کمرے کو صاف رکھتے ہیں؟

۴۔ آپ کس وقت اپنا کمرہ صاف کرتے ہیں؟

۵۔ آپ اپنے والدین کی کس طرح مدد کرتے ہیں؟

قواعد: فعل ماضی

بنایا۔ سجایا۔ ٹوٹ گیا۔

سیڑھیاں

غسل خانہ

کمرہ

چھت

باورچی خانہ

دروازہ

گھر

کھڑکی

نانی کا گھر

عائشہ اپنے نانا اور نانی کے گھر جا رہی ہے۔ مانو بھی ساتھ ہے۔ آسمان پر روئی کے گالوں کی طرح نرم اور سفید بادل نظر آرہے ہیں اور ہر طرف چڑیاں اُڑ رہی ہیں۔ عائشہ کے نانا، نانی اس کے گھر کے قریب ہی رہتے ہیں۔ عائشہ کو اپنے نانا اور نانی کا گھر درختوں کے بیچ میں سے نظر آرہا ہے۔ ہر طرف سُرخ اور پیلے پتّے گر رہے ہیں۔ عائشہ نے مانو سے کہا۔ "آؤ پتّوں سے کھیلیں۔" اِتنے میں عائشہ کو کسی چیز کی بُو آئی۔ مانو کو بھی کسی چیز کی بُو آئی۔

عائشہ نے دیکھا کہ دور سے دُھواں اُٹھ رہا ہے۔ وہ سمجھ گئی کہ کوئی پتّے جلا رہا ہے۔

اس کے نانا پتّے جلا رہے تھے۔ یہ دیکھ کر عائشہ کو کافی فکر ہوئی کیوں کہ اس کے اسکول میں تو اُستانی یہ بتاتی ہیں کہ پتّے جلانا فضا کے لئے اچّھا نہیں۔ ایسا

کرنے سے زہریلی گیس ہَوا میں مل جاتی ہے جو صحت کے لئے بہت نقصان دہ ہوتی ہے۔

نانا، عائشہ اور مانو کو دیکھ کر بہت خوش ہوئے۔ عائشہ نے اپنے نانا کو آداب کیا اور کہا۔ ''نانا جان۔ میری اُستانی کہتی ہیں کہ پتّے جلانا فضا کے لئے اچھا نہیں۔''

اس کے نانا نے عائشہ سے پوچھا۔ ''کیوں اچھّا نہیں ہے؟'' عائشہ نے جواب دیا کہ ''پتّے جلانے سے زہریلی گیس پیدا ہوتی ہے جو ہَوا میں مل جاتی ہے اور ہمیں نقصان پہنچاتی ہے۔''

وہ عائشہ کی ذہانت پر بہت خوش ہوئے۔ اس کو گلے سے لگالیا اور وعدہ کیا کہ اب وہ کبھی پتّے نہیں جلائیں گے بلکہ گڑھا کھود کر اس میں دبادیا کریں گے۔

اِتنے میں مانو بلّی کو کسی اور چیز کی خوشبو آئی۔ مانو کو نانی کے لذیذ گاجر کے حلوے کی خوشبو آئی۔ جب نانی باہر آئیں تو عائشہ نے ان کو آداب کیا اور نانی نے عائشہ کو پیار کیا اور کہا کہ اُنھوں نے گاجر کا حلوہ خاص طور پر اس کے ساتھ بھیجنے کے لئے بنایا ہے۔

نانی نے، عائشہ اور نانا کے لئے سیب کا رَس ڈالتے ہوئے کہا۔ ''خزاں کے موسم میں خُشکی بڑھ جاتی ہے اور پیاس بھی خوب لگتی ہے۔'' مانو بلّی کو بھی نانی نے دودھ دیا کیوں کہ اس کو بھی پیاس لگی تھی۔

اِتنے میں بارش کے آثار شروع ہوگئے اور چند پانی کے قطرے ان کے سر پر پڑے۔ ''اب تو عائشہ کو جلدی گھر جانا ہوگا۔'' نانی نے کہا ''حلوہ لے جانا نہ بھُولنا۔''

"خُدا حافظ نانا۔ خُدا حافظ نانی۔" عائشہ نے کہا۔

"خُدا حافظ عائشہ اور مانو! اور جلدی ہی آنا۔" نانا' نانی نے ان سے پیار سے کہا۔

عائشہ اور مانو بھاگتے بھاگتے گھر پہنچ گئے۔ عائشہ کی امّی ان کا انتظار کر رہی تھیں۔ ان کو دیکھ کر بہت خوش ہوئیں کھانے کے بعد عائشہ اور سب گھر والوں نے گاجر کا حلوہ کھایا اور عائشہ نے اپنی امّی کو نانی اور نانا سے ملاقات کا پورا حال سُنایا۔

سوالات

۱۔ اس تصویر میں آپ کو کیا نظر آ رہا ہے؟

۲۔ دادا اور دادی کس کو کہتے ہیں؟

۳۔ نانا اور نانی کس کو کہتے ہیں؟

۴۔ کیا آپ کبھی اپنے نانا یا دادا کے ساتھ کہیں جاتے ہیں؟

۵۔ کیا وہ کبھی آپ کو کہانی پڑھ کر سناتے ہیں؟

نانا

نانی

قواعد: فعل حال ناتمام / استمراریہ

جا رہا ہے۔ جلا رہا ہے۔ اُڑ رہی ہیں۔ آ رہا ہے۔ کر رہے ہیں۔

فضا

دودھ

قطرے

جلانا

حلوہ

گڑھا

سَر اور کندھے

سَر اور کندھے گھُٹنے پیَر
سَر اور کندھے گھُٹنے پیَر
گھُٹنے پیَر

آنکھ اور ناک اور کان اور ہونٹ
ہاتھ اور اُنگلی کہُنی پیٹ
ہاتھ اور اُنگلی کہُنی پیٹ
کہُنی پیٹ

آنکھ اور ناک اور کان اور ہونٹ
سَر اور کندھے گھُٹنے پیَر
سَر اور کندھے گھُٹنے پیَر
گھُٹنے
پیَر
آنکھ اور ناک اور کان اور ہونٹ

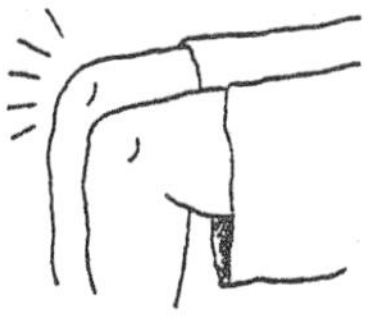
گھٹنے

سوالات

۱۔ آپ کے چہرے پر کیا کیا ہے؟

۲۔ آپ اپنی آنکھوں سے کیا کرتے ہیں؟

۳۔ آپ کس سے سُنتے ہیں؟

۴۔ آپ اپنے ہاتھوں سے کیا کیا کرسکتے ہیں؟

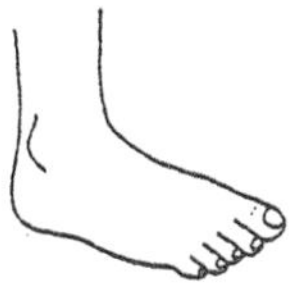
پیر

قواعد: اسم

آنکھ۔ ناک۔ کان۔ گھُٹنے۔ پیَر۔ اُنگلیاں۔ ہاتھ۔ کہنی

کہنی

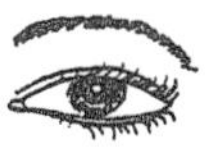
آنکھ

کان

ناک

ہونٹ

ہمارے حواس

ناک سے ہم سُونگھتے ہیں
کیا سُونگھتے ہیں؟
اچھّی اور بُری بُو - پھُول اور خُوشبو

کان سے ہم سنتے ہیں
کیا سُنتے ہیں؟
آوازیں اور گھنٹیاں - ڈھول اور سیٹیاں

زبان سے ہم چکھتے ہیں
کیا چکھتے ہیں؟
مزے مزے کے کھانے - چٹ پٹے اور کھٹّے میٹھے

ہاتھ سے ہم چھُوتے ہیں
کیا چھُوتے ہیں؟
سخت اور نرم - سَرد اور گرم

آنکھ سے ہم دیکھتے ہیں
کیا دیکھتے ہیں؟
اَندھیرا اور اُجالا - زمین و آسماں

سوالات

۱۔ تصویر میں آپ کو کیا نظر آرہا ہے؟

۲۔ آپ کون کون سی چیزیں سُونگھ سکتے ہیں؟

۳۔ آپ کیا کیا سُن سکتے ہیں؟

۴۔ آپ آنکھوں سے کیا کیا دیکھ سکتے ہیں؟

۵۔ آپ کِن چیزوں کو چھُوسکتے ہیں؟

قواعد: فعل

چھُونا۔ سُونگھنا۔ چکھنا۔ سُننا۔ دیکھنا۔

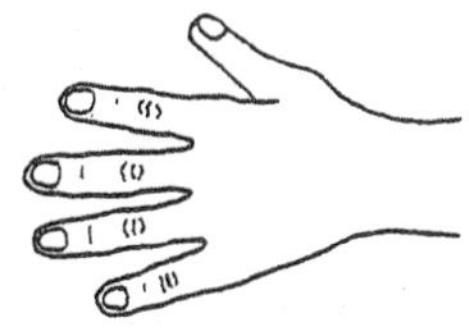
ہاتھ

نرم

سونگھنا

گرم

گھنٹیاں

صفائی

ریحانہ کے ساتھ والے گھر میں نئے پڑوسی آگئے تھے ریحانہ نے دیکھا کہ ان کے ساتھ ایک بچّی اس کی ہم عمر ہے۔ یہ بہت خُوشی کی بات تھی کہ اس کے ساتھ کھیلنے کے لئے ایک ساتھی مل گئی۔ وہ امّی سے اصرار کررہی تھی کہ جلدی سے نئے پڑوسی سے ملیں۔ امّی ان لوگوں کے لئے کیک بنارہی تھیں۔ تھوڑی دیر میں کیک تیار ہوگیا تو امّی اور ریحانہ کیک لے کرپڑوسی کے گھر گئے۔ ایک لڑکی جس کا نام نجمہ تھا اس نے دروازہ کھولا اور سلام کیا۔ امّی بہت خوش ہوئیں اور نجمہ کی امّی سے باتیں کرنے لگیں۔ ریحانہ نے دیکھا کہ نجمہ کے سارے گھر میں جگہ جگہ سامان اور ڈبے رکھے ہوئے ہیں۔ دونوں لڑکیاں باہر کھیلنے چلی گئیں۔ اتنے میں امّی کی آواز آئی۔ "اندر آؤ اور دودھ بسکٹ کھالو۔"

دونوں لڑکیاں بھاگتی ہوئی اندر آرہی تھیں تو نجمہ دھڑام سے گر گئی جلدی

سے سب بھاگ کر آئے اور نجمہ کو اٹھایا تو دیکھا کہ ایک کیلے کا چھلکا قریب پڑا ہوا ہے اور اس پر مکھیاں بیٹھی ہوئی ہیں۔ نجمہ کا پیر ایک کیلے کے چھلکے کی وجہ سے پھسل گیا تھا۔ سب نے نجمہ کو اُٹھایا اور چلا کر دیکھا۔ شکر ادا کیا کہ نجمہ ٹھیک تھی اور زیادہ چوٹ نہیں لگی تھی۔ جب دونوں لڑکیاں کھانے کی میز پر آئیں تو امی نے کہا۔ "پہلے ہاتھ اچھی طرح صابن سے دھو کر آؤ۔ سب مٹی سے بھرے ہوئے ہیں۔" ریحانہ نے سوچا کہ واقعی گندے ہاتھوں سے تو کھانا نہیں کھاسکتے ورنہ جراثیم سے بیمار ہوجائیں گے۔ پھر ریحانہ کو خیال آیا کہ اگر کیلے کا چھلکا زمین پر نہ ہوتا اور کوڑے کی ٹوکری میں ہوتا تو نجمہ اتنی بُری طرح سے نہ گرتی۔ صفائی بہت ضروری ہے۔ دونوں لڑکیوں نے اپنے ہاتھوں کے ناخنوں سے مٹی نکالی اور ہاتھ اچھی طرح صابن سے دھوئے اور پھر مزے مزے کے کیک اور بسکٹ کھائے۔

سوالات

۱۔ نجمہ کیوں گری تھی

۲۔ کوڑا کہاں پھینکنا چاہیئے؟

۳۔ لڑکیوں نے ہاتھ کیوں دھوئے؟

۴۔ ریحانہ کی امی پڑوسی کے لئے کیک کیوں لے کر گئی تھیں؟

قواعد: اسم

ٹوکری۔ صابن۔ مکھی۔ چھلکا۔ کوڑا۔

صابن

دھونا

کوڑا

ٹوکری

چھلکا

مکھیاں

خطرناک کھیل

احمد اسکول سے گھر آکر دوستوں کے ساتھ کھیل رہا تھا کہ اچانک بہت زور دار سائرن کی آواز آئی گھبرا کر وہ باہر بھاگا تو دیکھا کہ امّی گھر کے باہر دوسرے لوگوں کے ساتھ گھاس پر کھڑی ہیں اور دو بڑی بڑی آگ بُجھانے والی گاڑیاں سڑک پر ہیں۔ آگ بُجھانے والے آدمی جلدی جلدی' بڑے بڑے پانی کے پائپ گھر میں لے جا رہے ہیں۔ ایک آدمی کے ہاتھ میں کُلہاڑی بھی ہے۔ آگ بجھانے والے چیف کی گاڑی بھی ساتھ کھڑی ہے۔

"یہ کیا ہو رہا ہے؟" احمد نے امّی سے پوچھا۔

"شاید جارج کے گھر میں آگ لگ گئی ہے۔" اس کی امّی نے جواب دیا۔

اتنے میں آگ بُجھانے والے آدمی گھر سے باہر نکلے اور اپنا سامان واپس گاڑی میں رکھنے لگے۔ احمد دوڑ کر ان کے پاس پہنچا اور ان سے پُوچھا کہ "کیا ہوا تھا؟"

ایک آدمی نے جواب دیا کہ ”جارج اپنے دوستوں کے ساتھ دیا سلائی سے کھیل رہا تھا کہ ایک جلی ہوئی دیا سلائی قالین پر گر پڑی اور آگ لگ گئی' دھوئیں سے اسموک ڈیٹیکٹر (smoke detector) بجنے لگا۔ تب جارج کی ماں نے فوراً ہمیں ٹیلی فون کرکے بلایا۔“ یہ سُن کر احمد سوچنے لگا کہ کتنے اچھے ہیں یہ آگ بُجھانے والے۔ اُنھوں نے میرے دوست کے گھر کو جلنے سے بچالیا۔

احمد نے اپنی امّی سے پوچھا کہ ”امّی کیا ہمارے گھر میں بھی اسموک ڈیٹیکٹر لگا ہوا ہے؟“

”تم یہ کیوں پوچھ رہے ہو؟“ امّی نے احمد سے سوال کیا۔

احمد نے امّی کو پوری بات بتائی کہ کس طرح اسموک ڈیٹیکٹر کی وجہ سے جارج کا گھر جلنے سے بچ گیا۔ امّی نے یہ بات سن کر احمد کو بتایا کہ ان کے گھر میں بھی ایک اسموک ڈیٹیکٹر لگا ہوا ہے۔ پھر احمد اپنے دوستوں کے ساتھ کھیلنے میں مشغول ہوگیا لیکن یہ خیال اس کے ذہن میں آتا رہا کہ اگرچہ اسموک ڈیٹیکٹر اس کے گھر میں لگا ہوا ہے لیکن آگ سے کھیلنا بہت خطرناک ہوتا ہے۔

سائرن

کلہاڑی

پائپ

بوٹ

ٹوپی

آگ

سوالات

۱۔ احمد نے کس چیز کی زوردار آواز سنی تھی؟

۲۔ جارج کے گھر میں کیا ہوگیا تھا؟

۳۔ آگ کس وجہ سے لگی تھی؟

۵۔ کیا آگ سے کھیلنا چاہیئے؟

قواعد: اسم

آگ۔ پانی۔ پائپ۔ دیا سلائی۔ گھر۔ آدمی۔ قالین

گُلّو گلہری کی سالگرہ

گُلّو کی سالگرہ تھی۔ امی نے سوچا کہ میں ضرور ایک کیک بناؤں گی۔ گُلّو کی امّی اخروٹ اور بادام اکٹّھے کرنے کے لئے جنگل میں گئیں۔ اُنھوں نے ایک تھیلے میں اخروٹ اور بادام بھر کے اس کا منہ ڈوری سے باندھ دیا۔ اب گُلّو کی امّی تھک گئی تھیں۔ آرام کرنے لیٹ گئیں۔ اِتنے میں ایک چُوہا آیا۔ اس نے تھیلا کندھے پر رکھا اور بھاگ کھڑا ہوا۔ یہ چُوہا محنت سے گھبراتا تھا۔ چاہتا تھا کہ پکی پکائی کھاؤں۔ نکمّا کہیں کا۔

چُوہا کندھے پر تھیلا رکھے بھاگا جا رہا تھا۔ وہ خوش تھا کہ ایک ہفتہ آرام سے بیٹھ کر کھائے گا لیکن بُری بات کا انجام بُرا ہوتا ہے۔ بھاگتے بھاگتے وہ ایک گڑھے میں دھڑام سے گر پڑا۔

ایک چڑیا نے چُوہے کو تھیلا چُراتے ہوئے اور گرتے ہوئے دیکھ لیا تھا۔ اس

نے جاکر گُلّو کی امّی کو سب بتایا۔ گُلّو کی امّی بھاگی بھاگی گدھے کے پاس گئیں اس سے مدد کی درخواست کی اور کہا کہ چُوہے کو گڑھے میں سے نکالو۔ گدھے نے ایک لمبی سی شاخ گڑھے میں لٹکائی اور پھر چوہا اس شاخ کو پکڑ کر اُوپر آ گیا۔

گدھا بولا۔ "تم نے گُلّو کے اخروٹ اور بادام چُرائے لیکن گُلّو کی امّی نے تمہاری جان بچائی۔" چُوہا شرم کے مارے پسینے پسینے ہو گیا۔ اس نے وعدہ کیا کہ وہ اب کبھی ایسی بُری حرکت نہیں کرے گا۔ وہ اسی وقت دوڑا دوڑا گیا اور ڈھیر سارا آٹا، چینی اور پھل لے آیا۔ تاکہ گُلّو کی سالگرہ کا کیک بن جائے۔ گُلّو کی امّی نے جلدی سے کیک بنایا اور ایسا بنایا کہ کمال کر دیا۔ جب گُلّو باہر سے کھیل کر گھر آئی تو اس نے دیکھا کہ اس کی سالگرہ کا کیک موم بتیوں سے سجا ہوا میز پر رکھا ہے۔ پاس ہی بہت سے تحفے اور کارڈ رکھّے ہیں اور اس کے سارے دوست جمع ہیں۔ گُلّو نے یہ رونق دیکھی تو خوشی سے پُھولی نہ سمائی اور جس جس نے کیک کھایا دیر تک زبان چاٹتا رہا۔

 کارڈ

سوالات

۱- اپنے گھر پر آپ کس طرح سالگرہ مناتے ہیں؟

۲- کیا آپ کو معلوم ہے کہ سالگرہ میں آپ کو کیا تحفہ ملے گا؟

۳- گُلّو کی امّی کیک بنانے کے لئے کیا چیزیں جمع کر رہی تھیں؟

 تحفہ

۴- آخر میں چُوہے نے کس بات کا وعدہ کیا؟

۵- وعدہ کرنے کے بعد چُوہے نے کیا کیا؟

قواعد: فعل مستقبل

   کیک موم بتّی

بناؤں گی۔ کھاؤں گا۔ کرے گا۔

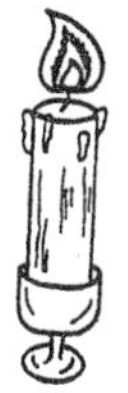

عید

ابّا جان نے فون کا ریسیور رکھتے ہوئے امی سے کہا "مبارک ہو، رمضان کا مہینہ ختم ہو گیا۔ جامع مسجد سے خبر آئی ہے کہ چاند نظر آگیا اور کل عید ہے۔" دونوں بچّے خوشی سے اُچھل پڑے۔

امّی نے بچّوں سے کہا "اب تم دونوں جلدی سے سو جاؤ۔ کل صبح عید کی نماز کے لئے سویرے اُٹھنا ہے۔" بچّے یہ سوچتے سوچتے سو گئے کہ دیکھیں امّی ابّا ان کو عیدی میں کیا دیتے ہیں؟

دوسرے دن حنا اور جاوید جلدی سے اُٹھّے۔ نہا دھو کر نئے کپڑے اور نئے جوتے پہنے اور بھاگتے ہوئے ناشتے کی میز پر آئے۔ حنا اور جاوید کو سوّیوں کا ناشتہ

بہت پسند تھا۔ سب ناشتہ کر کے عید کی نماز پڑھنے، عید گاہ جانے کی تیاری کرنے لگے۔

عید گاہ پہنچ کر حِنا نے دیکھا کہ ہر طرف لوگ ہی لوگ ہیں اور وہاں اُن کے بہت سارے دوست بھی ہیں۔ سب نے مل کر نماز پڑھی۔ نماز کے بعد سب ایک دوسرے سے گلے ملے اور عید کی مبارکباد دی۔ سب ہی لوگ بہت خوش تھے۔ بچوں کے لئے ابّا جان نے غُبارے خریدے۔

حِنا اور جاوید بے چین تھے کہ جلدی سے نانی امّاں کے گھر چلیں کیوں کہ وہاں انہیں عِیدی اور کھانے کی چیزیں بھی ملیں گی۔ عِید گاہ سے وہ سب عِید ملنے نانی امّاں کے پاس پہنچے۔ نانی امّاں نے دونوں کی پسندیدہ چیزیں پکا کر رکھی تھیں۔ شِیر خورمہ، سموسے، کباب، مٹھائی اور آلو چھولے۔ پھر نانی امّاں نے دونوں بچّوں کو ایک ایک لفافہ دیا۔ حِنا نے آداب کر کے فوراً لفافہ کھولا۔ اس میں ڈالر کے کئی نوٹ تھے۔

سارا دن حِنا اور جاوید کے گھر لوگ عید ملنے آتے رہے اور ان دونوں کو عیدی میں تحفے اور پیسے ملتے رہے۔

دن بھر کھیلنے کے بعد دونوں بہن بھائی خوب تھک گئے تو امّی نے کہا۔ "اب جاؤ اور اپنے کمرے میں سو جاؤ۔" حِنا اپنے کمرے میں گئی تو کیا دیکھتی ہے کہ ایک بولنے والی بڑی سی گُڑیا اس کے بِستر پر رکھی ہوئی ہے اور جاوید کے بِستر پر ایک گھڑی ڈبّے میں رکھی ہوئی ہے۔ دونوں بچّے خوشی سے پھولے نہ سمائے اور دونوں نے اپنی امّی اور ابّا سے لپٹ کر اُن کا شُکریہ ادا کیا۔

سوالات

۱۔ عید کا دن آپ کس طرح شروع کرتے ہیں؟

۲۔ عید کی نماز پڑھنے کے لئے لوگ کہاں جاتے ہیں؟

۳۔ عید کے دن بچّوں کو کیا ملتا ہے؟

۴۔ عید کے دن ناشتے میں کیا کھاتے ہیں؟

۵۔ عید کے دن ایک دوسرے سے کیسے ملتے ہیں؟

قواعد: اسم

عیدی۔ سوّیاں۔ عیدگاہ۔ نماز۔ تحفے۔ چاند۔ روزے

کپڑے

نماز

چاند

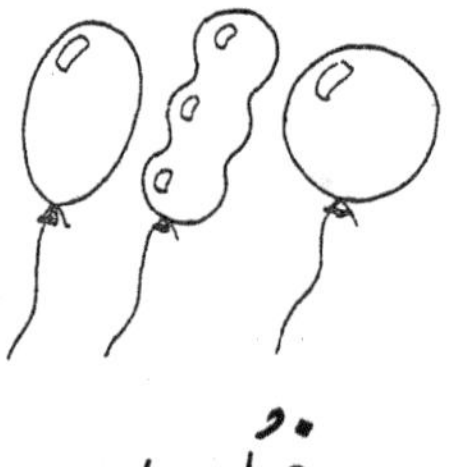

غبارے

عیدگاہ

سوّیاں

عذرا کی گڑیا

عذرا کی گُڑیا سوئی ہوئی ہے
گھنٹی بجاؤ اس کو جگاؤ
توبہ ہے میری میں نہ جگاؤں

وہ رو پڑے گی مجھ سے لڑے گی
عذرا کی گُڑیا سوئی ہوئی ہے

سوالات

۱۔ آپ نے تھیلے میں سے کیا نکالا؟

۲۔ آپ اس کو اُردو میں کیا کہیں گے؟

۳۔ کیا آپ کے پاس ایسا کوئی کھلونا ہے؟

۴۔ بتائیے کہ یہ نرم ہے یا سخت ہے؟

۵۔ کیا آپ بتا سکتے ہیں کہ یہ ہلکا ہے یا بھاری ہے؟

قواعد: فعل امر

بجاؤ۔ نکالو۔ رکھو۔ اُٹھاؤ۔ جگاؤ۔ سلاؤ۔

گڑیا

جگانا

گھنٹی

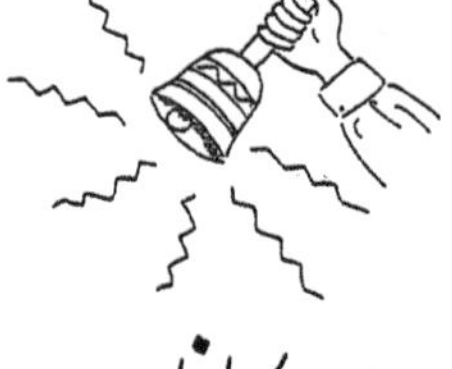

بجانا

مُنّو کا کمرہ

مُنّو کا کمرہ دیکھا ہے کِس نے؟
سائیکل بھی اس میں
گھوڑا بھی اس میں
موٹر بھی اس میں
گاڑی بھی اس میں
مُنّو کا کمرہ دیکھا ہے کِس نے؟
بَلّا بھی اس میں
گُڑیا بھی اس میں
برتن بھی اس میں

باجا بھی اس میں
مُنّو کا کمرہ دیکھا ہے کِس نے؟
ڈھولک بھی اس میں
گھنٹی بھی اس میں
بِستر بھی اس میں
بِلّی بھی اس میں
مُنّو کا کمرہ دیکھا ہے کِس نے؟

سوالات

۱۔ مُنّو کے کمرے میں کیا کیا چیزیں ہیں؟

۲۔ آپ کو کون کون سے کھلونے پسند ہیں؟

۳۔ آپ کے پاس کون کون سے کھلونے ہیں؟

قواعد: فعل

کھیلنا۔ دوڑنا۔ چلنا۔ پھینکنا۔ ہنسنا۔ کھانا۔

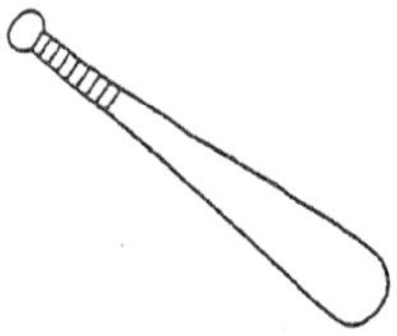
بلّا

جہاز

برتن

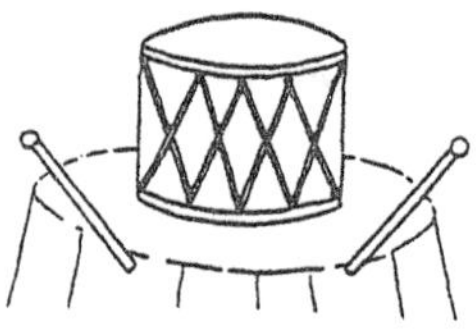
ڈھولک

جنگل میں گھر بنایا

ایک دن جنگل میں بہت زور کی بارش ہوئی۔ سارا جنگل بھیگ گیا۔ سارے جانور بھیگ گئے اور سردی سے کانپنے لگے۔ سارا دن اور ساری رات بارش ہوتی رہی۔ دوسرے دن موسم بدلا اور دُھوپ نِکلی تو سب بہت خوش ہوئے۔

تب ان جانوروں نے سوچا کہ ایک اچھّا سا گھر بنایا جائے۔ سب نے مِل کر ایک صاف سی جگہ کو پسند کیا۔ ہِرن قریب ہی کی زمین سے بہت سی مٹّی اُٹھا لایا۔ لُومڑی لکڑی چُن کر لے آئی۔ گھوڑا شہر سے بہت ساری اِینٹیں لے آیا' مُرغی گھاس پھُوس چُن کر لائی۔ چِڑیا نے بہت سارے تنکے جمع کئے اور زیبرا ٹریکٹر (tractor) میں سیمنٹ لایا۔ چیتا جگہ جگہ سے پتّھر ٹرک میں بھر کر لایا۔ جب پورا سامان ہو گیا تو سب نے مل کر گھر بنانا شروع کیا۔

ہاتھی اپنی سُونڈ میں پانی بھر کر لایا۔ دوسرے جانور پتّھر' اِینٹیں اور سیمنٹ

ٹرک میں لائے اور دیواریں بنانے لگے۔ جب مکان کی دیواریں کھڑی ہو گئیں اور چھت بنانے کا وقت آیا تو سب جانور پریشان ہو گئے کہ چھَت کیسے بنائی جائے؟

اِتنے میں لُومڑی کو خیال آیا کہ ''زرافہ ہمارے ساتھ نہیں۔ شاید اسے معلوم نہیں کہ ہم سب مِل کر ایک گھر بنا رہے ہیں۔ زرافہ کے پاس ایک کرین (crane) ہے۔ وہ ضرور چھَت بنانے میں ہماری مدد کرے گا۔'' خرگوش بھاگتا ہوا گیا اور زرافہ کو ساتھ لے کر آیا۔ سب جانوروں نے اطمینان کا سانس لیا۔ اب ہاتھی نے بلڈوزر (bulldozer) چلایا۔ زرافہ نے کرین چلائی۔ باقی جانوروں نے ٹریکٹر اور سیمنٹ لانے والا ٹرک چلایا۔ تب گھر بن کر تیار ہو گیا۔ سب جانور بے حد خوش تھے۔ خوب کھیلے کُودے اور ناچے، رات کو وہ آرام سے اپنے نئے گھر میں سوئے۔

ٹرک

سوالات

۱۔ جانوروں نے گھر کِن کِن چیزوں سے بنایا؟

۲۔ چھت بنانے کے لئے کس جانور کو بلایا؟

ٹریکٹر

۳۔ ہاتھی نے کیا کام کیا؟

۴۔ زرافہ کیا لایا اور اس نے کیا کام کیا؟

قواعد: فعل متعدی

بنانا۔ چلانا۔ اُٹھانا۔ چننا۔ رکھنا۔

کرین

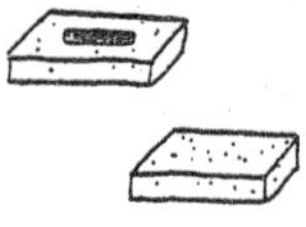
اینٹیں

پتھر

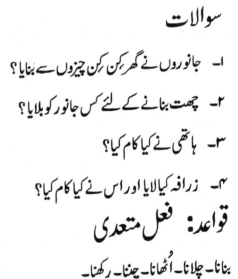

طوطے کاناشتہ

ایک چھوٹے سے گھر میں تین بھائی اپنی امّی اور ابّا کے ساتھ رہتے تھے۔ امّی ' ابّا ان کو پیار سے چھوٹو' مُنّو اور ببّو کہتے تھے۔ چھوٹو نے ایک طوطا پال رکھا تھا جو سارا دن کچھ نہ کچھ بولتا رہتا۔

آج منگل کا دن ہے۔ صبح صبح امی نے بہت سارا دلیہ پکایا اور سب بچوں کو ناشتے کے لئے بُلایا۔ چھوٹو کو دلیہ بالکل پسند نہیں تھا۔ اس کے لئے امّی نے ڈبل روٹی کے ایک ٹکڑے پر مکھن اور جیلی (jelly) لگائی اور کارن فلیکس (corn flakes) کا ڈِبّہ بھی میز پر رکھ دیا۔ ببو کو کارن فلیکس بہت پسند تھے۔ مُنّو نے آکر میز لگائی۔ طوطا یہ سب دیکھ رہا تھا۔ بولا۔ "میری پیالی' میری پیالی' میری روٹی' میری روٹی۔"

اوہو' مُنّو طوطے کی پیالی نکالنا بھول گیا۔ چھوٹو نے جلدی سے طوطے کی پیالی

نکالی۔ اس میں روٹی کی چُوری بنائی اور میز پر رکھ دی۔

طوطا بولا۔ ”میری چُوری‘ میری چُوری‘ میری پیالی‘ میری پیالی۔“
امّی بولیں۔ ”انتظار کرو۔ سب کے ساتھ کھانا۔“
طوطا بولا۔ ”سب کے ساتھ‘ سب کے ساتھ‘ سب کے ساتھ۔“

سب میز پر بیٹھ کر ابّا کا انتظار کرنے لگے۔ اتنے میں بَبّو کو یاد آیا کہ آج تو اس کی کلاس کی پارٹی ہے اور اس کو سینڈوچ (sandwich) بنانے ہیں۔ اس نے کہا۔ ”امّی! مجھے تو پارٹی کے لئے سینڈوچ بنانے تھے۔ اب کیا ہو گا؟“

طوطا بولا۔ ”اب کیا ہو گا۔ اب کیا ہو گا۔ اب کیا ہو گا۔“

امّی نے کہا۔ ”فکر نہ کرو۔ میں بناتی ہوں‘ آؤ تم سب میری مدد کرو۔ چھوٹو! تم پی نٹ بٹر (peanut butter) کی بوتل لاؤ۔ مُنّو! تم فِرج (fridge) سے ڈبل روٹی نکالو۔“
بَبّو بولا۔ ”امّی جلدی سے بس پی نٹ بٹر پر جیلی لگا دیجئے۔“
طوطا بولا ”پی نٹ بٹر‘ پی نٹ بٹر‘ پی نٹ بٹر‘ میری پیالی‘ میری پیالی‘ میری چُوری‘ میری چُوری۔“

چھوٹو نے طوطے کو پیالی میں ناشتہ دیا اور اپنے دونوں بھائیوں کے ساتھ ناشتہ ختم کیا۔ پھر تینوں بھائیوں نے دانت صاف کئے۔ امّی اور ابّا کو خُدا حافظ کہا اور اپنے اپنے بستے سنبھالتے ہوئے باہر کی طرف بھاگے۔ اِسکول کی بس آچکی تھی۔ طوطا‘ چھوٹو‘ مُنّو اور ببّو کے نام پکارتا رہا۔

سوالات

۱۔ آپ ناشتے میں کیا کھاتے ہیں؟

۲۔ کِس کِس کو دلیہ پسند ہے؟

۳۔ ناشتے میں کون کارن فلیکس کھاتا ہے؟

۴۔ کارن فلیکس کِس چیز سے بنتے ہیں؟

۵۔ چھوٹو کو ناشتے میں کیا ملا؟

قواعد: حروفِ اضافت

کا۔ کی۔ کے۔

سینڈوچ

چاول

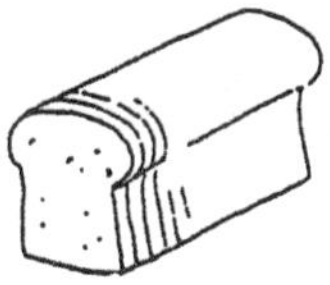

ڈبل روٹی

گیہوں

کارن فلیکس

پی نٹ بٹر

جیلی

دلیہ

کھٹّے مِیٹھے پَھل

ہر گرمی میں چیری☆ آئے
خربُوزہ بھی رنگ جمائے

آم بھی گھر گھر آئے ہیں
سب کے مَن کو بھائے ہیں

انگُوروں کے سبز ہیں خوشے
لیچی کے ہیں زرد سے لچھّے

آلو بُخارے کھٹّے مِیٹھے
کچھ پَھل مِیٹھے، کچھ پَھل کھٹّے

☆Cherry

لال ہیں سیب اور زرد ہیں کیلے
جلدی جلدی سب نے چھیلے
رَس سے بھرا تربُوز بھی کھالو
نارنگی کا رَس بھی پی لو
اسٹرابیری☆ کا کیک کٹا ہے
کیوں کہ میری سالگرہ ہے

☆Strawberry

سوالات

۱۔ بتائیے کہ آپ کو کون کون سے پھل پسند ہیں؟

۲۔ خربوزہ کِس رنگ کا ہوتا ہے؟

۳۔ صحت مند رہنے کے لئے کیا کھانا چاہیئے؟

۴۔ آپ اپنے لنچ باکس(lunch box)میں روزانہ کون سے پھل لے جاتے ہیں؟

۵۔ آپ کی امّی آپ کے لئے کون سے پھَل خریدتی ہیں؟

قواعد: صفت

سبز۔ زَرد۔ کھٹّے میٹھے۔ رَس بھرا۔ لال۔ زَرد۔

انگور

تربُوز

اسٹرابیری

آم

خربُوزہ

کیلے

نارنگی

سیب

گاجر کا پودا

احمد اپنے دادا جان اور دادی اماں کے ساتھ ایک گاؤں میں رہتا تھا۔ جہاں دادا جان کا ایک بہت بڑا کھیت تھا۔ اُس کھیت میں اُنھوں نے بہت ساری سبزیاں بو رکھی تھیں۔ بڑی بڑی کیاریوں میں مٹر، شلجم، ٹماٹر، آلو اور پیاز اُگائے تھے۔ ایک کیاری میں گوبھی اور پالک لگی تھی اور ایک طرف مکئی کی بہت بڑی کیاری تھی۔ مگر احمد کو تمام سبزیوں میں گاجر زیادہ پسند تھی۔

ایک دن دادا جان نے اُس کو گاجر کے بیج لا کر دیئے۔ دادا جان کے ساتھ جا کر اس نے ایک کیاری بنائی اور اس میں گاجر کے بیج بو دیئے۔ وہ روز اس میں پانی دیتا اور اس کیاری کی صفائی کرتا۔ چند ہی دِنوں میں ان بیجوں میں سے پتّے نکلنے لگے اور دیکھتے دیکھتے سب پودے کافی بڑے ہو گئے۔ ان میں سے ایک پودا بڑی تیزی سے بڑھا اور بہت جلد بڑا ہو گیا۔ احمد ان سب پودوں کو دیکھ کر

بہت خُوش ہوتا تھا۔

ایک دن دادی امّاں نے احمد سے کہا کہ ''تھوڑی سی گاجریں نکال کرلاؤ''۔

اُس نے دادا جان کو ساتھ لیا اور دونوں گاجر کی کیاری کی طرف گئے۔ احمد کے کہنے پر دادا جان نے گاجر کے سب سے بڑے پودے کو کھینچا لیکن پودا نہیں نکلا۔ اُنہوں نے احمد کو مدد کے لئے بلایا اور کہا تم مجھے کھینچو، میں گاجر کے پودے کو کھینچوں گا۔ ان دونوں نے مل کر پودے کو کھینچا مگر وہ تب بھی نہ نکلا۔ احمد نے دادی امّاں کو بُلایا۔ دادا جان نے گاجر کو کھینچا۔ احمد نے دادا جان کو اور دادی امّاں نے احمد کو کھینچا۔ لیکن گاجر پھر بھی نہ نکلی۔ دادی امّاں نے مانو بِلّی کو بلایا۔ مانو بِلّی نے خرگوش کو بُلایا۔ اب دادا جان نے گاجر کے پودے کو کھینچا۔ احمد نے دادا جان کو، دادی امّاں نے احمد کو، مانو بِلّی نے دادی امّاں کو اور خرگوش نے مانو بِلّی کو کھینچا۔

احمد چیخا ''کھینچو، کھینچو۔ سب مِل کر کھینچو''
سب نے مِل کر زور سے کھینچا۔ اب گاجر کا پودا باہر نکل آیا۔

جیسے ہی گاجر کا پودا زمین سے نکلا تو سب کے سب ایک دوسرے پر گِر گِر پڑے۔ دادا جان احمد پر گِر پڑے، احمد دادی امّاں کے اُوپر، دادی امّاں مانو بِلّی کے اُوپر اور مانو بِلّی خرگوش کے اُوپر۔ اس پر سب زور زور سے ہنسنے لگے۔

گھر آکر دادی امّاں نے گاجر مانگی۔ دادا جان نے احمد سے پوچھا۔ احمد نے مانو بِلّی سے اور جب مانو بِلّی نے خرگوش سے پوچھنا چاہا تو وہاں خرگوش نہیں تھا۔ خرگوش لاپتہ تھا اور گاجر بھی غائب تھی۔

سوالات

۱۔ احمد کس کے ساتھ رہتا تھا؟

۲۔ کیا آپ کی دادی امّاں بھی آپ کے پاس رہتی ہیں؟

۳۔ گاجر زمین کے اندر ہوتی ہے یا زمین کے اوپر؟

۴۔ آپ کی پسند کی سبزی کا کیا نام ہے؟

۵۔ آپ اپنے لنچ باکس میں کون سی سبزی لاتے ہیں؟

قواعد: فعل ماضی مُطلَق

لایا۔ گیا۔ نِکلے۔ کھینچا۔ نِکالا۔ گِرے۔ آئے۔

مکئی

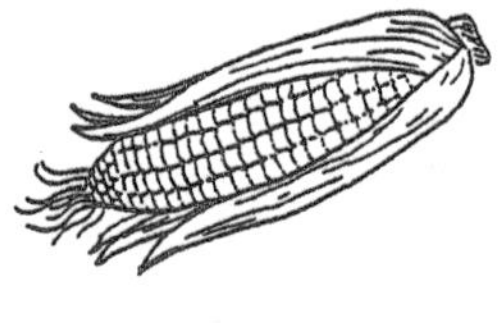

ٹماٹر

مٹر

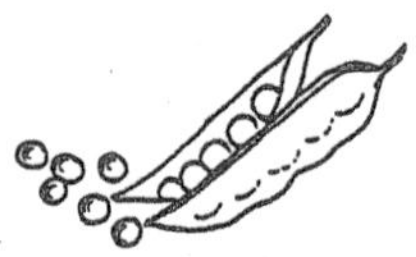

گوبھی

گائے

رَب کا شکر ادا کر بھائی
جِس نے ہماری گائے بنائی

دانہ، دُنکا، بھوسی ، چوکر
کھالیتی ہے سب خوش ہوکر

کیا ہی غریب اور کیسی پیاری
صبح ہوئی جنگل کو سِدھاری

پانی پی کر، چارا چرَ کر
شام کو آئی، اپنے گھر پر

کَل جو گھاس چرَی تھی بَن میں
دُودھ بنی وہ اس کے تھَن میں
دُودھ ہے سب بچّوں کو دیتی
بَیلوں سے ہوتی ہے کھیتی
دُودھ، دَہی اور مٹّھا، مَسکا
دے نہ خُدا تو کِس کے بَس کا

سوالات

۱۔ یہ کِس جانور کی تصویر ہے؟

بچھڑا

۲۔ گائے کہاں رہتی ہے؟

۳۔ گائے ہمیں کیا دیتی ہے؟

۴۔ آپ کِس وقت دودھ پیتے ہیں؟

جنگل

۵۔ دُودھ سے کیا کیا چیزیں بنتی ہیں؟

قواعد: اسم عام

دُودھ۔ دَہی۔ گائے۔ جنگل۔ چارا۔

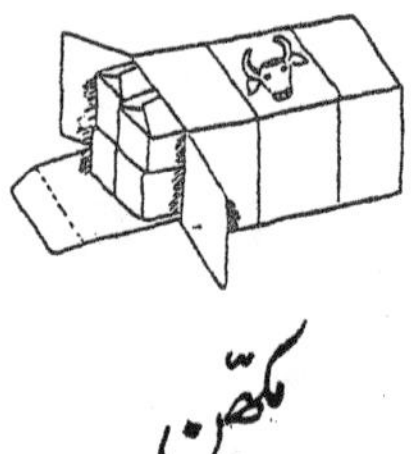

مکھن

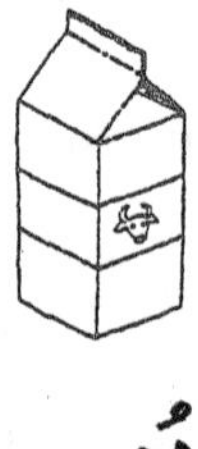

دُودھ

دَہی

چارا

شارق کی سالگرہ

شارِق اور طارِق اپنے نئے گھر آکر بہت ہی خوش تھے یہ گھر بڑا تھا اور اس کے آنگن میں بچّوں کے لئے جھُولے بھی تھے۔

آج جُون کی ۱۵ تاریخ ہے۔ طارِق اور شارِق اِسکول سے گھر پہنچے تو امّی اور ابّا باہر تھے۔ دونوں بچّے بھی باہر چلے گئے۔ ابّا نے شارِق کو بتایا کہ وہ آج ہی نیا باربی کیو گرل (barbecue grill) خرید کر لائے ہیں۔ یہ سنتے ہی دونوں بچّے کہنے لگے "امّی ابھی باربی کیو کیجئے" امّی نے کہا "اگلے ہفتے کریں گے، سالگرہ کے دن۔" یہ سن کر شارِق خوشی سے ناچنے لگا۔ امّی میں اپنے سارے دوستوں کو بلاؤں گا۔" امّی نے کہا۔ "ہاں ضرور" طارِق بولا "امّی! کیا میری سالگرہ پر بھی باربی کیو ہوگا؟" امّی ہنس کر بولیں "بیٹا! تمہاری سالگرہ تو دسمبر میں آتی ہے۔ اس میں باربی کیو نہیں ہوسکتا۔ لیکن تم فکر نہ کرو تمہاری سالگرہ پر ہم سب اِسکیٹنگ

(skating) کے لئے جائیں گے۔"

خُدا خُدا کرکے شارِق کی سالگرہ کا دن آیا۔ شارِق کے سب دوست باربی کیو پر آئے۔ امّی نے بہت سارے برگر (burger) تیار کئے۔ مُرغی کی ٹانگیں اور مچھلی کے ٹکڑے بھی باربی کیو کی جالی پر لگائے' ابّا یہ چیزیں تیار کرتے جاتے امّی سب کو پلیٹوں میں دیتی جاتیں۔ امّی نے بہت سارا اسلاد بنایا اور پھلوں کی چاٹ بھی تیار کی۔ سب کے لئے گلاسوں میں دودھ ڈالا۔ شارِق کے دوستوں نے سب چیزیں بہت شوق سے کھائیں۔ شارِق کو برگر اِتنے پسند تھے کہ وہ صرف برگر ہی کھاتا رہا۔ کچھ مُرغی بھی کھائی' لیکن سلاد اور پھلوں کو ہاتھ بھی نہ لگایا اور نہ دُودھ پیا۔ بس گوشت کھاتا رہا اور اپنے دوستوں کے ساتھ کھیلتا رہا۔

جب سب چلے گئے تو امّی اور ابّا نے شارِق کو صفائی میں مدد کے لئے آواز دی لیکن وہ نہ آیا جب امّی نے اندر جاکر دیکھا تو وہ اپنا پیٹ پکڑے چُپ چاپ بستر پر لیٹا ہوا تھا۔ طارِق نے بتایا کہ شارِق کے پیٹ میں درد ہو رہا ہے۔ امّی نے شارِق سے پُوچھا۔ "تم نے کیا کھایا تھا۔" "امّی! میں نے تو صرف دو یا تین مُرغی کی ٹانگیں اور چند برگر کھائے تھے اور تھوڑی سی مچھلی بھی کھائی تھی۔" شارِق نے جواب دیا۔ امّی نے جلدی سے دوا دی اور سمجھایا کہ خالی گوشت کھانا ٹھیک نہیں ہوتا۔ اس کے ساتھ سبزی اور پھل کھانا بھی بہت ضروری ہے۔ کسی بھی چیز کی زیادتی ٹھیک نہیں۔ بچّوں کی صحت اور نشو و نما کے لئے مناسب غذا ضروری ہے؟

"امّی نشو و نما کیا ہوتی ہے۔" طارِق نے پوچھا۔

"نشو و نما کا مطلب ہے ٹھیک طرح سے بڑھنا۔" امّی نے جواب دیا۔

"امّی میں بھی ابّو کی طرح لمبا ہونا چاہتا ہوں۔" شارِق بولا۔

ابّا بھی اپنا کام ختم کرکے اندر آچکے تھے انہوں نے کہا۔ "ہاں تم ٹھیک سے کھاؤ، پیو تو ضرور میری طرح لمبے ہوجاؤ گے۔"

شارِق نے کروٹ لیتے ہوئے سوچا کہ کل سے میں گوشت اور مرغی کے علاوہ ضرور پھل اور سبزی کھاؤں گا اور اس کے ساتھ دودھ بھی ضرور پیوں گا۔

سوالات

گوشت

۱۔ شارِق کی سالگرہ کِس مہینے میں آتی ہے؟

۲۔ شارِق کی سالگرہ پر امّی نے کیا کیا؟

برگر

۳۔ باربی کیو پر کیا کیا چیزیں بنائی تھیں؟

۴۔ شارِق کے پیٹ میں دَرد کیوں ہوا؟

۵۔ پیٹ کے دَرد سے بچنے کے لئے شارِق کو کیا کرنا چاہیئے تھا؟

قواعد: حرف جار

درد

سے۔ پَر۔ اُوپر۔ اَندر۔ باہر۔ پیچھے۔

پھل

آنگن

مرغی کی ٹانگ

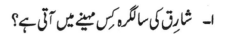

دوا

بِلّو کا بَستہ

چھوٹی سی بِلّو، چھوٹا سا بَستہ
ٹھونسا ہے جس میں، کاغذ کا دَستہ

لکڑی کا گھوڑا، روئی کا بھالو
بیر اور امُرود، آلو کچالو

بِلّو کا بستہ جِنّ کی پٹاری
جب اس کو دیکھو، پہلے سے بھاری

لٹّو بھی اس میں، رسّی بھی اس میں
ڈنڈا بھی اس میں، گلّی بھی اس میں

اے پیاری بِلّو، یہ تو بتاؤ
کیا کام کرنے، اسکول جاؤ

باہر نکالو، لکڑی کا گھوڑا
یہ رسّی لٹّو، یہ گِلّی ڈنڈا

گُڑیا کے جمپر، جُوتے جُرابیں
بستے میں رکھو، اپنی کِتابیں

مُنہ نہ بناؤ، اسکول جاؤ
اے پیاری بِلّو، اے پیاری بِلّو

سوالات

۱۔ آپ اپنے بستے میں کون کون سی چیزیں رکھتے ہیں؟

۲۔ کیا روزانہ وہی چیزیں لاتے ہیں یا مختلف چیزیں لاتے ہیں؟

۳۔ جب آپ گھر جاتے ہیں تو کیا آپ بستے سے سب چیزیں نکال کر ان کو اپنی جگہ پر رکھتے ہیں؟

قواعد: اسم

بستہ۔ کاغذ۔ لکڑی۔ گھوڑا۔ گُڑیا۔ جُوتا۔

بَستہ

رسّی
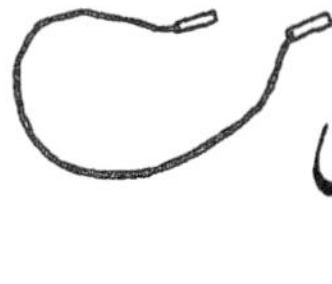

ڈنڈا

کِتابیں

کاغذ

گھوڑا

حامد کا نیا اسکول

حامد کی خالہ اکثر حامد کے گھر آیا کرتی تھیں اور اس سے بہت سی باتیں کیا کرتی تھیں۔ خالہ جان بچوں کے ایک اِسکول میں پڑھاتی تھیں اِسی لئے اُن کو حامد کے اسکول سے بہت دلچسپی تھی۔ حامد بھی بڑے شوق سے ان کو اپنے اسکول کی باتیں بتاتا۔

ایک دن جب خالہ جان حامد کے گھر آئیں تو حامد نے حسبِ معمول اُن کے قریب آکر آداب کیا۔ خالہ جان نے اس کو دعائیں دیں اور پوچھا۔ "حامد میاں! یہ تو بتاؤ کہ تمہارا نیا اسکول کیسا ہے؟"

نئے اسکول کے نام سے حامد کی آنکھیں چمک اٹھیں اور خُوش ہو کر بولا۔

"خالہ جان میرا نیا اسکول تو بہت ہی اچھا ہے۔"

"میں ابھی تمہارے نئے اسکول کے سامنے سے گزر کر آئی ہوں۔" خالہ

جان نے کہا۔ ”اس کی عمارت تو بہت شاندار ہے۔ اس کے دروازے اور کِھڑکیاں بہت بڑی بڑی ہیں اور ان کا رنگ بھی بہت خُوبصورت ہے۔ لال لال چھت تو بہت ہی اچھی لگ رہی ہے۔“

ان کی بات سُن کر حامد نے کہا۔
”اور اِسکول کے سامنے ہمارے مُلک کا جھنڈا لہراتا ہوا بہت اچھا لگتا ہے' ہمارا اسکول بہت بڑا ہے۔“
خالہ جان نے حامد سے پوچھا۔ ”تمہاری کلاس کا کمرہ اُوپر کی منزل میں ہے یا نیچے والی میں؟“
”خالہ جان! میں تو تین سال سے عارضی کمروں میں پڑھ رہا ہوں۔“ حامد نے جواب دیا۔

یہ سن کر خالہ جان کہنے لگیں۔ ”بھئی یہ بات تو ٹھیک نہیں لگتی۔ تم اپنی امّی یا ابّا سے کہو کہ وہ اسکول کے پرنسپل (principal) سے بات کریں کہ اگلے سال تمہاری کلاس عمارت کے اندر آجائے۔“
حامد نے جلدی سے جواب دیا۔ ”مگر مجھے تو عارضی کمرے بھی اچّھے لگتے ہیں۔“
خالہ جان حامد کی اس بات سے بہت خُوش ہوئیں اور کہنے لگیں۔ ”حامد میاں! تم نے تو بڑی سمجھ داری کی بات کی ہے۔ واقعی کلاس چاہے عارضی کمرے میں ہو یا اسکول کی عمارت کے اندر۔ پڑھائی تو سب میں ایک ہی سی ہوتی ہے۔“

اِتنے میں حامد کی امّی چائے کی کشتی لے کر کمرے میں داخل ہوئیں۔

خالہ جان نے حامد میاں کی طرف دیکھا اور کہا۔ ''اب دیکھتے ہیں کہ اگلے سال تمہاری کلاس کون سے کمرے میں ہوگی؟''

''یہ تو اگلے سال ہی معلوم ہوگا۔'' حامد نے خالہ جان کو جواب دیا اور پھر وہ اپنے بھائیوں کی آوازوں کی طرف دوڑتا ہوا چلا گیا۔

سوالات

۱۔ آپ نے اسکول کی عمارت میں کیا کیا دیکھا؟

۲۔ اسکول کے اطراف کیا کیا چیزیں تھیں؟

قواعد: اسم صفت

اچّھا۔ شاندار۔ بڑا۔ خُوبصورت۔ لال

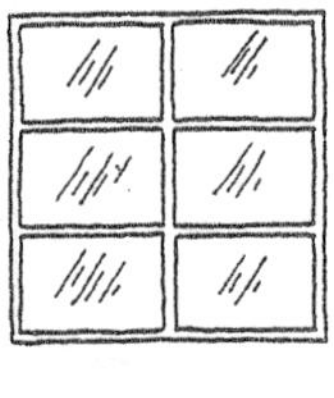

کھڑکی

دیوار

زمین

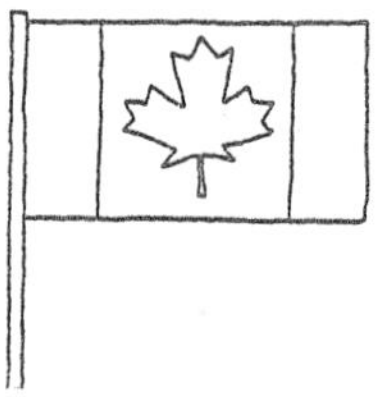

جھنڈا

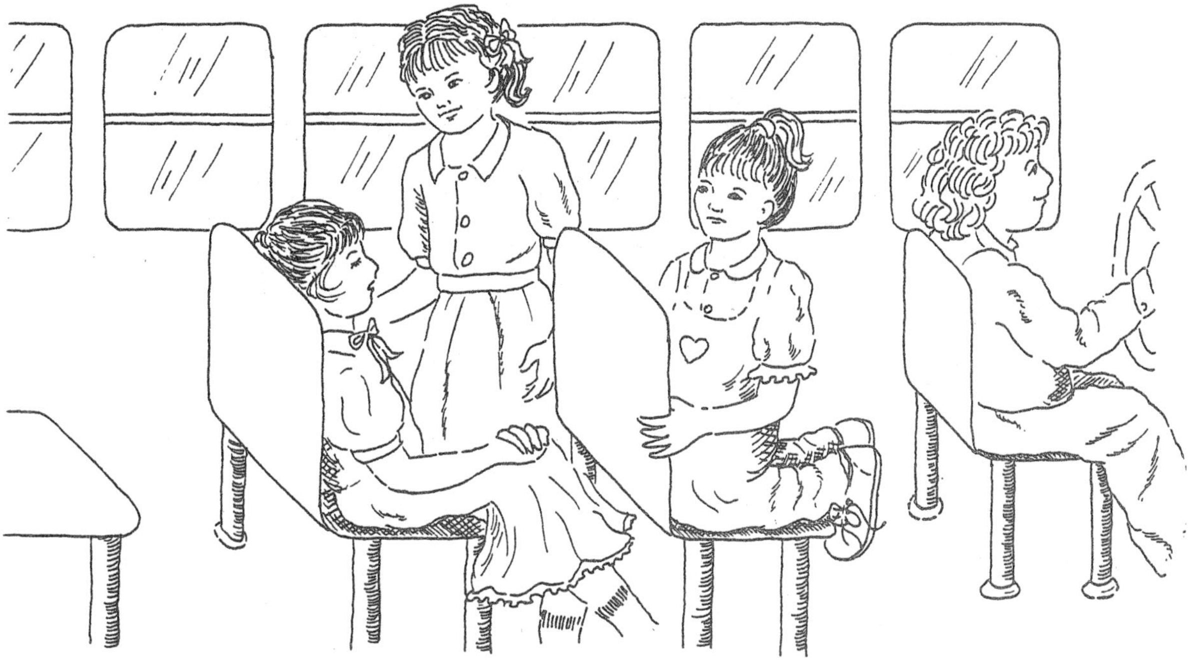

اسکول کی بس

آج ہماری کلاس میں ایک نئی لڑکی آئی۔ اس کا نام ہے مریم۔ وہ کلاس میں خاموش بیٹھی سب کو دیکھ رہی تھی۔ میں اس سے بات کرنا چاہتی تھی لیکن میری سمجھ میں نہیں آرہا تھا کہ میں اس سے کیا بات کروں؟ ہمارے اُستاد نے کچھ بچّوں کو اس کام کے لئے مقرر کیا کہ وہ مریم کو اسکول سے مانوس کرائیں اور مجھ سے کہا کہ میں اسے اسکول کی بس کے بارے میں بتاؤں۔ تو میں بہت خوش ہوئی۔ وقفہ ہوا تو میں نے مریم سے کچھ باتیں کیں۔ مریم نے مجھے بتایا کہ وہ ہماری گلی کے ساتھ والی گلی میں رہتی ہے۔

"اب تو ہم دونوں ایک ہی بس میں جائیں گے۔" میں نے خوش ہو کر اس سے کہا اور ساتھ ہی کہا کہ جب گھر جانے کا وقت ہو گا تو ہم دونوں ساتھ ساتھ باہر جائیں گے۔ مریم بہت خوش ہوئی اور اسکول کے کام میں لگ گئی۔

جب چھٹّی ہوئی اور ہم باہر نکلے تو تین بسیں آچکی تھیں۔ مریم نے پوچھا کہ ”کون سی بس ہماری ہے؟“

”تیسری بس ہماری ہے۔“ میں نے جواب دیا۔

مریم نے سوال کیا ”کیا ہم اپنی بس میں بیٹھ سکتے ہیں؟“

میں نے کہا۔ ”نہیں پہلے ہمیں قطار میں کھڑا ہونا پڑے گا۔ جب سب بچّے قطار بنالیں گے تو ہم کو ایک اُستانی بس میں چڑھنے کی اجازت دیں گی۔“

آخر کار بس میں چڑھنے کی باری آگئی۔ میں نے مریم کو پہلی نشست پر نتاشا کے ساتھ بٹھایا اور نتاشا سے کہا کہ وہ مریم کا خیال رکھے کیوں کہ مریم اسکول میں آج ہی داخل ہوئی ہے۔ پھر میں بس کی پچھلی نشست پر جہاں میری جگہ تھی بیٹھ گئی۔ جب سب بچّے اپنی اپنی جگہوں پر بیٹھ گئے تو ڈرائیور نے بس چلادی۔ گرمی کا موسم تھا۔ بس کی کھڑکیوں میں سے ٹھنڈی ہوا آرہی تھی۔ میں سوچنے لگی کہ اپنے اُستاد سے پوچھوں گی کہ کیا وہ مریم کو میری نشست پر ہی جگہ دلواسکتے ہیں اور یہ سوچتے سوچتے میری آنکھ لگ گئی۔

جب آنکھ کھُلی تو میں نے دیکھا مریم میرا بازو ہلا رہی ہے اور کہہ رہی ہے۔ ”مینا! اُٹھو، ہمارا بس اسٹاپ آگیا۔“

میں جلدی سے اُٹھی اور میں نے کہا۔ ”یہ تو اُلٹی بات ہوگئی۔ مجھے تمہارا خیال رکھنا چاہئے تھا مگر اُلٹا تمہیں مجھ کو جگانا پڑا۔“

مریم نے جواب دیا۔ ”جس دن میں بس میں سوجاؤں گی، اس دن تم مجھے جگادینا۔ اب جلدی چلو ورنہ ہم لوگ بس میں رہ جائیں گے۔“ میں نے اپنا بستہ لیا۔ ڈرائیور کا شکریہ ادا کیا بس سے نیچے اتر آئی۔ میں نے سوچا کہ اسکول کی

بس کی وجہ سے مجھے ایک بہت اچھی سہیلی مل گئی۔

سوالات

۱۔ اسکول کی بس میں بیٹھنے سے پہلے کیا کرنا چاہئے؟

۲۔ قطار کیوں بنانی چاہئے؟

۳۔ نئے بچوں کا بس میں خیال رکھنا کیوں ضروری ہے؟

۴۔ اسکول کی بس کے اوقات کا خیال رکھنا کیوں ضروری ہے؟

۵۔ بس کے ڈرائیور کے ساتھ کس طرح بات کرنی چاہیے؟

قواعد: استفہامیہ کلمات

کون۔ کس۔ کیا۔ کہاں۔

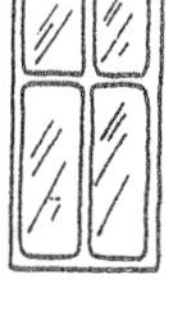

دروازہ

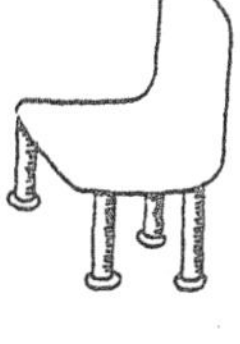

نشست

پہیہ

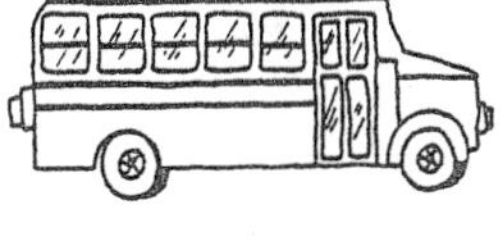

بس

کہنا بڑوں کا مانو

اے بھولے بھالے بچو
کہنا بڑوں کا مانو

ماں باپ اور بڑوں کا
مانا نہ جس نے کہنا

ممکن نہیں جہاں میں
عزّت سے اس کا رہنا

گر چاہتے ہو عزّت
کہنا بڑوں کا مانو

تم کو خبر نہیں کچھ
اپنے بُرے بھَلے کی

چاہو اگر بڑائی
کہنا بڑوں کا مانو

سوالات

۱۔ اس نظم میں کِن بڑوں کا ذکر ہے؟

۲۔ آپ کے والد آپ کو کِن کِن باتوں کی ہدایت کرتے ہیں؟

۳۔ آپ کے اسکول میں کون سے ایسے بڑے لوگ ہیں جو آپ کی مدد کرتے ہیں؟

۴۔ آپ کے اُستاد یا اُستانی آپ کو کون سی اچھی باتیں سکھاتے ہیں؟

۵۔ اچھا بتائیے کہ بڑوں کا کہنا کیوں ماننا چاہیے؟

قواعد: ضمیر اضافی

میری۔ میرا۔ میرے۔ ہماری۔ ہمارا۔ ہمارے۔ آپ کے۔ تمہارا۔ تمہارے۔

اُستاد

اُستانی

پرنسپل

نگران

Printed in the USA
CPSIA information can be obtained
at www.ICGtesting.com
LVHW080614110524
779550LV00006B/26

9 780773 516205